꿈은 스스로 길을 만든다

_____ 님께

이루지 못할 꿈은 없습니다.

_____ 드림

# 꿈은 스스로
# 길을 만든다

**최성찬** 지음

KOREA.COM

## 목차

** **추천사** • 8

# PROLOGUE
## 꿈은 평범한 나를 특별한 나로
## 만들었다 • 10

# PART 1.
## 미국의 예비 외교관이 되다 • 16

꿈만 같은 일이 일어나다 • 18

미국 외교관이 되기 위한 하드 트레이닝 • 21

이유 있는 실패 • 32

내 이름은 존 성찬 최 • 36

내게는 뜨거운 한국인의 피가 흐른다 • 41

도서관은 나의 놀이터 • 45

삶으로 가르치는 것만 남는다 • 48

눈물로 얼룩진 구구단 • 59

선의의 경쟁을 하는 가족 • *63*

조금 먼저 이민 왔을 뿐이야! • *69*

## PART 2.
## 아픔은 성장의 다른 이름 • *74*

무너진 울타리 • *76*

아빠 없이 산다는 것 • *82*

나는 못 해도 우리는 할 수 있다 • *87*

한국에서의 첫 경험 • *93*

JYP에서 나를 캐스팅한다고? • *98*

피가 마르던 나날들 • *105*

사랑은 언제나 오래 참고 • *113*

운동은 내 인생의 버팀목 • *121*

# PART 3.
## 한국인? 미국인? 세계인! • *130*

25억 장학금을 받은 삼남매 • *132*

공부보다 중요한 인간관계 • *140*

껍질을 깨고 나오다 • *145*

마이클 잭슨의 광팬, 홍대 클럽에 가다 • *150*

아름다운 청년, 매튜 남 • *154*

국회 인턴이 느낀 한반도 문제 • *163*

KBS에서 국제무대를 경험하다 • *167*

오빠, 사인 좀 해주세요! • *173*

팔레스타인의 슬픈 눈망울 • *179*

터키에서 한 뼘 자란 마음의 키 • *187*

# PART 4.
## 한국계 미국 대통령을 꿈꾸며 • *196*

내 인생의 밑그림 • *198*

내가 한국에서 태어났다면 • *202*

미국의 외교관이 된다는 것은 • *208*

글로벌 리더의 13가지 자질 • *213*

할아버지의 고향, 북한에 가고 싶다 • *218*

방황해도 포기하지 마 • *224*

글로벌 리더가 될 한국의 청소년들에게 • *229*

50대 미국 대통령을 위한 기도 • *238*

드디어 하버드로 가다 • *243*

꿈이 있는 한 길을 잃지 않는다 • *249*

** **John's Album** • *252*

# 꿈을 가능성으로 바꾸는 비전 다이어리

국회 외교통상통일위원회에서 경력을 쌓은 최성찬 군은 큰 꿈을 가슴에 품고 특히 남북문제에 관심을 보였던, 진중하고 의젓한 청년으로 인상 깊게 남아 있습니다. 대한민국의 국제관계, 통상관계, 남북관계, 통일문제에 관한 현황과 정책 심의에 대한 전반적인 이해와 식견을 넓혀 가며 예비 외교관의 자질을 갖추어 가던 당당한 젊은 이였습니다. 책 내용을 보니 범사에 감사하면서 날마다 꿈을 꾸고 자신의 것으로 체화하려고 노력하는 성찬 군의 모습이 잘 보입니다. 자라나는 젊은 세대가 이 책을 통해 성찬 군을 롤모델로 삼아 각자 좋아하는 분야에서 꿈을 이루고 보람과 성공을 찾아가길 기대합니다.

— **구희권** 국회사무차장 (전 국회 외교통상통일위원회 수석전문위원)

최성찬은 동양계 미국인 남학생들 사이에서 드물게 '정치'에 관심을 갖고 미국의 예비 외교관을 향해 달려가는 25세 청년입니다. 그러나 내가 아는 최성찬은 지금의 모습이 있기까지 고민 많은 청소년 시절과 인생의 목적을 상실하고 깊은 방황의 시간을 보낸 대학시절이 있었습니다. 심지어 친한 친구의 죽음도 지켜보아야 했습니다. 그렇지만 어렸을 적부터 늘 최선을 다하면 무엇이든지 할 수 있다는 자신감을 심어 주셨던 어머니의 신뢰와 지지로 지금의 열정 넘치고 비전이 뚜렷한 청년으로 성장할 수 있었습니다. 이 책을 보면서 성찬 군이 그려 나갈 미래가 어떻게 전개될지, 그의 비전이 어떻게 이루어질지 사뭇 기대되었습니다. 한 청년의 솔직하고 담대한 비전 스토리가 세계무대로 나아갈 수많은 청소년들에게 도전이 될 수 있을 거라 믿습니다.

— 만나교회 **김병삼** 목사

2010년 여름, KBS 국제협력실에서 3개월간 근무하던 인턴 중에서 눈에 띄는 한 청년이 있었습니다. 성실하고 진지한 태도로 주어진 일을 매끄럽게 해냈던 최성찬 군(John Choi)은 특히 2010년 10월 뉴욕 UN본부에서 열린 〈KBS 교향악단 UN의 날 콘서트〉에서 KBS 사장의 영어 연설문을 탁월하게 작성하여 많은 이들에게 깊은 인상을 남겼습니다. 미국 예비 외교관 훈련을 모두 마치고 한국계 미국인으로서 당당하게 세계무대에서 활약할 최성찬 군에게 마음으로부터 성원과 격려를 보냅니다.

— KBS 국제협력실 **김평렬** 부장

꿈을 향해 달려가는 멋진 청년 성찬 군! 너무나 반듯하여 말을 어떻게 건넬까, 어떻게 내 소개를 근사하게 할까 조금은 망설였던 첫 만남의 기억이 아직도 생생합니다. 화려하게 국제무대를 누비고 있는 지금의 성찬 군이 있기까지 최선을 다해 자녀들에게 격려를 아끼지 않은 어머니의 정성도 하늘에 닿은 듯합니다. 이 책은 자녀를 훌륭하게 키우고 싶은 부모와 꿈을 이루고 싶은 청소년들에게 큰 도전과 의욕을 북돋워 줄 것입니다. 앞으로 성찬 군의 승승장구를 위해 위해 열심히 박수치겠습니다.

— 방송인 **최유라**

드라마나 영화 속에서만 존재하는 인물인 줄 알았는데, 현실에도 이런 훌륭한 청년이 있다니요. 혼자 힘으로 이렇게 훌륭하게 아들을 키워 내신 어머니를 생각하며 나도 아들을 잘 키울 수 있도록 힘을 내어 보아요. 힘든 환경을 통과하고 더욱 단단해진 성찬이의 이야기가 많은 이들에게 도전을 주고 비전을 갖게 도와줄 거라 생각해요.

— 롤러코스터 〈남녀탐구생활〉 성우 **서혜정**

## PROLOGUE
# 꿈은 평범한 나를 특별한 나로 만들었다

처음 출간 제의를 받았을 때, 쉽게 대답할 수 없었다. 나는 내가 책을 쓸 수 있을 정도로 특별한 사람이라고 생각해 본 적이 단 한 번도 없었기 때문이다. 내 이야기가 책으로 엮여 나오면 과연 어떨까 궁금하기도 했지만 책을 쓴다는 것은 나의 작은 궁금증을 해소하기 위한 작업 치고는 너무나 방대한 프로젝트였다. 내가 이 책을 써야 하는 이유가 나 자신에게 설득될 때까지 몇 달 간 고민해야 했다.

나는 머리가 뛰어나게 좋은 수재도 아니고, 공부의 신은 더더욱 아니다. 나는 내가 남들보다 똑똑하거나 잘났다고 생각해 본 적이 없다. 내가 생각하는 나는, 그저 어릴 적부터 노는 것을 세상에서 제일 좋아했던 애틀랜타 출신의 평범한 25살 청년일 뿐이다. 그런 내가 보스턴 대학교 국제정치학과를 졸업한 뒤 미국 외교관 과정을 밟고 있다는 사실에 사람들은 놀라곤 했다.

내가 부유한 이민자 가정에서 태어나 별 고난 없이 자랐으리라고 지레짐작하는 사람들도 많았다. 그러나 사람들은 나의 평범한 배경, 어찌 보면 힘들고 가난해서 결코 평범하지 않았던 나의 배경을 알고는 다시 한 번 놀라곤 했다. 고등학교 1학년 때까지 공부에 관심도 없이 오로지 운동에 몰두했던 나, 내 꿈이 무엇인지 앞으로 무엇을 해야 할지 몰라 방황했던 나로서도 내가 지금 겪고 있는 모든 것이 신기하기만 하다.

　내 기사가 한 한국 일간지에 소개된 이후 곳곳에서 취재 요청이 빗발쳤다. 여러 신문사에서 나를 인터뷰하기 위해 찾아오기도 했고, 가족과 함께 각종 케이블, 공중파 방송에도 출연했다. 우리 세 남매가 모두 미국의 사립 명문대를 졸업하고 지금껏 받은 장학금의 액수가 25억 원 가까이 된다는 사실도 사람들의 호기심을 자극한 것 같다. 나의 조국에서 나를 찾아 주는 사람들이 많다는 것은 감사하고 기분 좋은 일이었다.
　TV 출연 이후 전국에서 강연 요청이 몰려들기 시작했다. 처음에는 사람들 앞에서 내 이야기를 한다는 것이 두렵고 떨렸지만, 사람들을 만나 눈을 마주치고 진심을 전달하는 그 순간만큼은 하나도 떨리지 않았다. 바쁜 일정 속에서 모든 강연 요청에 응할 수는 없었지만 내 이야기에 귀를 기울여 주고 온몸으로 나를 안아 주는 청중들을 나는 외면할 수 없었다. 그래서 인원이 많건 적건, 시간이 되는 대로 나는 사람들이 부르는 곳에 달려갔다. 강연 횟수가 거듭될수록 사람들 앞에 서는 것도 점점 자연스러워졌다.

그런 경험들을 통해 얻은 깨달음은, 나의 힘든 이야기를 숨기지 않고 있는 그대로 나누기만 해도 그것이 다른 사람들에게 큰 위로가 된다는 사실이었다. 나 혼자만 겪는 어려움인 줄 알고 꽁꽁 숨겨 두고 있었을 때는 나의 고난은 힘을 발휘하지 못했다. 그저 고난일 뿐이었다. 그러나 내가 내 이야기를 하기 시작했을 때 나와 비슷한 고난을 겪은 사람들이 의외로 많다는 사실을 알게 되었다. 우리 모두의 고난은 그렇게 닮아 있었다. 내 강연을 듣고 희망을 갖게 되었다고, 포기하지 않기로 했다는 메일을 받을 때마다 나는 내가 이 세상에 존재하는 이유를 찾은 것 같은 기쁨을 느꼈다.

책 출간에 대한 내 생각을 출판사에 최종적으로 통보해야 했던 지난 2010년 12월, 지방의 한 소도시로 강연을 갔다. 강연과 질의응답이 모두 끝난 뒤 한 고등학생이 나를 찾아왔다. 전에 신문에서 내 기사를 읽은 적이 있는데, 꼭 한번 만나 보고 싶었다는 것이다. 삶을 포기하고 싶었는데 오늘 강연을 듣고 생각이 바뀌었다고, 고맙다는 말을 꼭 전하고 싶었다는 그 친구의 눈에는 눈물이 맺혀 있었다. 그 친구와는 지금도 메일을 주고받으며 가끔씩 안부를 묻고 있다.

나는 몇 달 간 기도하며 어머니와 상의한 후에 책을 쓰기로 결정했다. 많은 청소년들이 꿈도 없이, 희망도 없이 입시 경쟁 속에서 오직 앞만 보고 달려가야 하는 현실이 안타까웠다. 거기다 언론에 오르내리는 학교 폭력, 왕따, 자살과 같은 키워드가 더 이상 낯설게 느껴지지 않게 된 현실도 내 마음을 움직였다. 그리고 내 이야기를 듣고 단 한 사람이라도 절망에서 희망으로 옮겨질 수 있다면, 단 한 사람이라도 힘을 얻고 살아날 수 있다면 그 한 사람을 위해 기꺼이 써야겠다는 생각이 들었다. 결정을 내리니 마음이 평안해졌다.


나는 한때 내가 세상에서 가장 힘든 사람이라고 생각했다. 나처럼 힘든 일을 겪는 사람은 없을 것이라고 생각했다. 그러나 영원할 것 같았던 그 시간도 지금 돌이켜보니 잠깐이었다. 모든 것은 결국 다 지나가기 마련이었다.

　지극히 평범한 나의 이야기가 사람들에게 비범하게 비치는 이유는 내가 하루하루의 평범한 삶에 충실했기 때문이다. 나는 평범한 삶을 잘 사는 것이 가장 비범한 삶이라는 것을 이 책을 통해 말하고 싶다.

　지금 깊고 어두운 터널을 지나고 있을 누군가에게 나의 이야기가 작은 빛이 될 수 있다면, 나의 이 작은 책이 홀로 아파하고 있을 누군가에게 영혼의 다리를 놓아 줄 수 있다면 나는 그것으로 만족한다.

　나를 낳아 주신 아버지, 어머니, 그리고 사랑하는 누나와 동생, 한국말이 서툰 날 위해 영어 인터뷰를 진행하고 내 글을 모아 정리해 준 김현아 씨, 이 책이 나오기까지 수고한 ㈜대성의 모든 관계자 여러분께 깊은 감사를 전하고 싶다.

2012년 7월 터키에서
최성찬

14

# Part 1

# 미국의 예비 외교관이 되다

# 꿈만 같은 일이
# 일어나다

"IIPP 펠로우십 프로그램의 수혜자로 선발되신 것을 진심으로 축하드립니다. 귀하는 앞으로 6년간 미 교육부로부터 약 10만 달러의 지원금을 받으며 정식으로 미국 외교관 수업을 받게 됩니다. 첨부된 서류를 작성한 뒤 서명하여 2008년 5월 2일까지 담당자에게 보내 주시기 바랍니다."

기숙사에서 잠자리에 들기 전 이메일을 열어 본 나는 내 눈을 의심하지 않을 수 없었다. 내가 예비 외교관이 되다니! 간절히 바라던 것이었지만 워낙 경쟁이 치열한 탓에 쉽지 않을 거라고, 떨어져도 괜찮다고 스스로 마음을 다독이던 중이었다.

나는 이 엄청난 소식을 가족들에게 제일 먼저 알리고 싶었다. 그리고 누구보다 기뻐하실 엄마에게 전화를 걸었다.

"엄마! 저 IIPP 펠로우십에 합격했어요. 정말 꿈만 같아! 믿기지 않아요……."

엄마도 한동안 말을 잇지 못하셨다. 수화기 너머로 들려오는 엄마의 목소리도 촉촉해져 있었다.

"성찬아, 먼저 축하해! 정말 감사하고 대견하구나……. 힘든 상황 속에서도 최선을 다해 준 우리 아들이 자랑스러워."

나의 합격 소식을 들은 동생은 마치 자신의 일처럼 함께 기뻐해 주었다. 그 전 해에 이 프로그램에 지원하고 싶어 했지만 아쉽게 마감을 놓쳐 지원하지 못했던 누나는 내가 자기 몫까지 해냈다며 진심으로 축하해 주었다.

"와우! 부럽다, 존. 나는 네가 할 수 있을 거라고 믿었어. 정말 축하해."

나보다 두 살 위인 누나는 나와 같이 보스턴대학교 국제정치학과에 다니고 있었다. 나의 가장 친한 친구이자 롤모델이었던 누나는 늘 내게 동양계 미국인을 대변할 정치인이 많아져야 한다고, 그래서 우리의 목소리를 낼 수 있어야 한다고 말해 왔다. 그래서 나도 언젠가는 그런 사람이 되고 싶다고 생각했고 나와 같은 동양계 미국인들이 더욱 활발히 정치와 교육 분야에 참여하도록 돕는 것이 내 꿈이었다. 그런데 합격 소식을 들으니 그동안 머릿속으로만 그려 왔던 꿈이 성큼 가까워진 느낌이었다.

IIPP(Institute for International Public Policy) 펠로우십은 미 전역의 수백만 명의 대학생들 가운데 매년 30명 가량의 소수 인원만을 선발해 외교관 수업을 받게 하는 특별 프로그램이다. 유색인종 출신의 우수학생들을 미리 선발해 외교관이 되는 데 필요한 다양한 경험과 기회를 제공하고, 장차 미국의 외교 관계를 이끌어 갈 차세대 외교관으로 양성하기 위해 고안된 과정이다.

미국 정부의 지원을 받는 IIPP 펠로우십 프로그램은 모두 여섯 단계의 과정으로 구성되어 있다. 대학 2학년 여름방학 정책 연구 과정, 3학년 해외 연수, 3학년 여름방학 정책 연구 과정, 하계 집중 어학연수, 여러 곳에서의 인턴십, 그리고 대학원까지 총 6년간의 과정을 이수하고 나면 미 외교관 시험에서 한국의 외무고시에 해당하는 필기시험을 면제받고 바로 면접을 볼 수 있게 된다.

유난히 따스했던 2008년 봄, 나는 보스턴대 국제정치학과 2학년생이었다. 내가 지원했던 그해에는 우수한 학생들이 많이 몰려 유독 경쟁이 치열했고, 나는 그해 미 전역에 있는 800만 명의 대학생 가운데 선발된 32명 중 유일한 동양인이자 IIPP 펠로우십 프로그램 사상 최초의 한국계 남학생이었다.

# 미국 외교관이 되기 위한 하드 트레이닝

"이 자리에 오신 여러분을 환영합니다. 그리고 엄청난 관문을 뚫고 IIPP 프로그램에 합격하신 것을 축하드립니다. 여러분이 얻게 된 이 기회는 누구나 얻을 수 있는 기회가 아닙니다. 앞으로 6년에 걸쳐 예비 외교관으로서 수업을 받고 그 후에는 국제무대에서 활약하게 될 테니 어찌 보면 특권이지요. 특권에는 책임이 따릅니다. 여러분은 막중한 책임을 지닌 사람들입니다. 오늘부터 일주일간 저와 함께 이곳저곳을 다니며 예비 외교관으로서의 소양을 다지게 될 겁니다. 마음껏 보고, 마음껏 느끼고, 마음껏 질문하십시오."

니콜라스 배시 IIPP 부회장이 우리를 환영하는 파워포인트로 오리엔테이션의 문을 열었다. 특권, 책임, 예비 외교관, 이런 단어를 들으니 벌써 내가 뭐라도 된 기분이었다. 부회장님은 우리에게 일일이 악수를 하며 격려해 주셨다. 오리엔테이션은 일주일간 열렸다. 우리는 마치 진짜 외교관처럼 정장을 갖춰 입고 수업에 참여했다.

　나처럼 정치에 관심을 가진 친구들을 만나니 가슴이 설레었다. 오리엔테이션에서 제일 좋았던 것은 나와 비슷한 또래의 친구들과 만나 정치에 대한 이야기를 마음껏 나눌 수 있었다는 것이다. 내가 아는 거의 모든 한국계 미국인 친구들은 정치에 관심을 두기보다는 법대나 의대를 나와서 법조인, 의사가 되겠다는 꿈을 가지고 있었다. 나처럼 중동의 평화에 관심이 있는 친구들을 찾기란 쉽지 않았다. 그래서 정치에 대한 이야기나 미래에 대한 꿈 이야기를 할 때 나는 친구들과 공감대를 형성하기가 어려웠다.

　그런데 오리엔테이션 기간 동안 원 없이 정치, 외교, 경제 등에 관한 대화와 중동, 동남아시아, 남아메리카의 사회적 이슈에 대한 이야기, 나의 진로와 비전을 나눌 수 있었다. 친구들은 중동에 관심을 가지고 있는 내 이야기를 눈을 빛내며 경청해 주었고, 자신들의 이야기를 들려주었다. 애틀랜타 친구들과도, 보스턴대 친구들과도 이런 깊은 대화는 나눠 본 적이 없었다. 처음으로 내 꿈이 이해받는다는 느낌이었다. 어디서 이런 친구들이 모일 수 있었을까? 일주일이 꿈처럼 지나갔다. 오리엔테이션을 같이 받았던 친구들은 모두 국제사회를 향한 공통된 꿈이 있기에 지금도 자주 페이스북, 스카이프 등을 통해 연락하며 네트워크를 유지하고 있다.

IIPP 프로그램은 유능하고 경쟁력 있는 미국 대학생들을 발굴해 총 6년간 1인당 10만 불을 지원한다. 이 학생들에게 혁신적이고 종합적인 능력을 훈련시켜 글로벌 리더십을 갖춘 국제 관계 전문가로 배출하기 위해서다. 이 프로그램을 통하면 자동적으로 국제 관계 실무와 해외에서의 다양한 경험을 쌓고 국제 기관에서 일할 수 있다. 미국 교육부로부터 지원금을 받아 집행되는 이 프로그램은 특별히 미국 내 소수민족계 학생들을 글로벌 현장의 리더로 훈련시키는 최고의 프로그램으로 인정받고 있기에 내가 이 장학금을 받은 것은 매우 큰 영광이자 내 꿈을 향한 문이 활짝 열린 셈이었다.

예비 외교관을 향한 체계적인 훈련 과정은 대학 2학년 여름방학 때부터 본격적으로 시작됐다. 총 6년으로 예정된 필수 코스는 상당히 빡빡하고 수준 높은 교육을 제공하며, 이를 이수하기 위해서 막대한 시간과 노력을 들여야 한다. 국제사회에서 일하려면 해외에서의 연수 경험이 필수적이며 다양한 문화를 존중하는 마음가짐을 배워야 하고 세계를 보는 시각도 넓어져야 하기 때문이다. 국제사회에서 리더로 성장하기 위해 다각도로 교육과 훈련을 받는 것이다.

이렇게 모든 과정을 마치고 나면 국제사회의 여러 분야에서 일하게 된다. 우리가 훈련 받기 전에는 이미 열세 번의 IIPP 프로그램이 있었다. 우리는 14기였다. IIPP 프로그램에 참여했던 사람 중에는 주 탄자니아 미국 대사, 주 이집트 미국 대사, 사법부 노동고용이민 변호사, 국무부 변호사, 세계은행 경제학자, 의회조사국 국제보건전문가 등 미국 정부와 국제기관에서 중책을 맡은 사람이 많다. 이들은 모두 이 프로그램의 혜택을 받고 소수민족계 미국인이라는 한계를 극복하고 미국을 대표하는 얼굴이 된 것이다.

이 프로그램을 통해 내가 받은 혜택은 어마어마하다. 이 책의 뒤쪽에 나의 경험을 좀 더 생생하게 담았지만 각 과정을 간략하게 되짚어 보려고 한다.

2학년 여름방학에 정책 연구 과정을 시작으로 기나긴 훈련의 문을 열었다. 미래를 상상하며 내 마음은 의욕으로 가득 찼고 앞으로의 일정이 무척 기대됐다. 우리는 미국 내 매우 우수한 학부대학으로 손꼽히는 스펠맨대학에서 두 달 간 9시부터 4시까지 매일 수업을 들었다. 갈등 해결, 리더십, 경제학, 통계학, 중동과 북아프리카, 국제 정책 개발 입문 등 6개 과목의 심도 있는 강의였다.

이 과정에서 특별히 좋았던 점은 강의실에서 배운 이론이 실제로 정부기관이나 국제기구에서 어떻게 적용되고 있는지를 직접 눈으로 보고 배울 수 있었다는 것이다. 워싱턴DC와 뉴욕에 가서 여러 기관의 담당자들을 만나며 그곳에서 하는 일이 무엇인지 직접 보고 긴박감 넘치는 실무 현장을 목격했다.

우리는 터키 대사관, 가나 대사관, 연방준비은행, UN 사무국, 외교위원회, 국제구조위원회, 휴먼라이츠워치, 브루킹스 연구소, 농업부, 국무부 등을 방문했다. 우리는 모두 정장을 입고 진지한 태도로 임

했다. 나중에 일하게 될지도 모를 곳이라고 생각하니 눈을 더 크게 뜨고 둘러보고 장래에 어떤 커리어가 각자에게 맞을지 고민해 보기도 했다. 그곳에서 일하시는 분들의 이야기를 직접 듣고 궁금한 것은 물어보며 현장을 둘러보고 나니 시야가 확 넓어진 느낌이었다.

중동을 향한 나의 마음은 이때 확고해졌다. 나는 보스턴대학교 2학년 때 '종교적 탐구(Religious Quest)'라는 수업을 들으며 중동에 처음으로 관심을 갖게 됐다. 그러나 정책 연구 과정의 한 수업 시간에 〈천국을 향하여 Paradise Now〉라는 영화를 보고 나서 나의 삶은 송두리째 바뀌기 시작했다.

이 영화는 팔레스타인 사람들의 삶을 강대국의 시각이 아닌 팔레스타인들의 시각에서 바라본 것이다. 흔히 '테러리스트'라고 불리는 사람들에 관한 이야기였다. 나는 그 영화를 통해 그들도 형제, 자매, 부모가 있고 우리와 똑같이 감정을 가진 사람이라는 것을 다시 한 번 생각하게 되었다. 중동에 관심이 있는 나도 그전까지는 알게 모르게 팔레스타인에 대한 편견이 있었는데, 이 영화를 보고 그 안의 '사람들'이 눈에 보이기 시작한 것이다.

주말에는 다 같이 봉사활동을 했다. 우리는 구호 물품을 아프리카로 보내는 한 의료 센터에서 일하기도 하고, 교육 센터에서 멕시코 출신의 아이들에게 영어로 이야기를 읽어 주기도 했다. 애틀랜타에 있는 지미카터 센터에 방문하여 그곳의 설립 목적과 역사에 관한 설명을 듣고 둘러볼 기회도 가졌다.

3학년 때는 해외 연수의 경험이 주어진다. 나는 해외 연수 국가로 스페인과 한국을 놓고 고민했다. 그러나 나는 결국 한국을 선택했다. 외교관이 될 나에게 조국에서의 경험은 꼭 필요할 것이라는 판단 때문이었다. 게다가 한국에는 친척들도 많고 도움을 받을 수 있는 곳도 많지 않은가. 외국에서 공부하는 것도 처음이고, 한국에 혼자 오래 머물게 된 것도 처음이었지만 나는 용기를 내어 서강대학교 교환학생 프로그램에 지원했다.

서강대에서 이슬람과 중동에 대한 수업을 듣게 되었고, 이를 통해 중동에서 일하고 싶다는 마음이 더 강해졌다. 그리고 UN을 방문했을 때 어느 분이 했던 말이 생각났다.

"열정을 따라가십시오. 편리하고 익숙한 것을 하려고 하지 마십시오. 내 마음이 간절히 원하는 대로 결정하십시오. 험난한 일들이 여러분에게 찾아왔을 때 처음 불타올랐던 마음과 열정을 기억한다면 그 어려움을 통과할 수 있기 때문입니다."

이 말을 기억하며 나의 귀착지는 익숙한 한국이 아닌, 내 마음이 간절히 원하는 중동이라는 확신을 가지게 됐다.


집중 어학연수 프로그램에서는 국제 전문가로서 갖추어야 할 언어 교육을 시키는데, 장차 중동에 진출하고자 하는 마음이 있는 나는 아랍어를 선택했다.

지금까지 살면서 배운 것 중에 가장 어려운 것이 무엇이냐고 묻는다면 '아랍어'라고 대답할 것이다. 캘리포니아 주 오클랜드에 있는 밀스 칼리지에서 '미들베리 아랍어 학교'에 다니며 9주 동안 먹고 자는 시간 외에는 모두 아랍어 공부에 집중했다. 만약 학교 안에서 영어를 쓰면 프로그램을 중도에 포기하고 집으로 돌아가겠다는 각서도 썼다. 말하자면 '아랍어 몰입 교육'인 셈이었다.

처음 배우는 아랍어는 너무 어려웠다. 글자도 꼬불꼬불한 기호로 되어 있고, 읽는 방향도 다르고 헷갈리는 게 한두 개가 아니었다. 하지만 나는 중동 외교관을 꿈꾸는 사람으로서 아랍어를 꼭 배우고 싶었고, 배워야만 했기에 9주 동안 잘 인내하기로 다짐했다. 이때가 아니면 언제 아랍어를 집중적으로 배울 수 있었겠는가! 덕분에 아랍어로 일상 회화를 할 수 있을 만큼의 실력이 생겼고, 실제로 그때 배운 아랍어는 팔레스타인과 터키에서 인턴을 하면서 큰 도움이 되었다.

이때 얻은 소득은 아랍어뿐만이 아니었다. 나는 수업을 들으며 현직 외교관으로 일하고 있는 중국계 미국인인 레베카를 알게 되었다. 조지 부시 전 대통령의 자문위원으로 이라크에서 5년간 활동한 경험이 있던 레베카는 이라크의 정치 지도자들과 직접 소통하며 이라크의 대통령과 수상 등 고위층과 개인적으로 친분이 있기도 했다.

그녀를 보면서 누구라도 열정이 있다면 새로운 것을 배우기에 너무 늦은 나이는 없다고 생각했다. 레베카는 54세에 아랍어를 배우기로 결정하고 학교에 입학한 사람이었고, 30~40대에 아랍어를 배우러 온 사람도 많았다.

언어를 배운다는 것은 말하자면 다시 아기 시절로 돌아가는 것이다. 새로운 언어를 배우기 위해서는 실수도 반드시 필요하고, 자존심을 내려놓아야 할 순간도 자주 온다. 나는 내가 갖고 있던 고정관념과 체면을 버리고 실수를 두려워하지 않기로 했다. 아랍어 실력을 키우기 위해 어쩔 수 없는 선택이었다. 아랍어를 배우고야 말겠다는 강한 의지가 아니었다면 이 시간을 견디기 어려웠을지도 모른다.

대학을 졸업하고 난 후에는 '인스파이어 드림(Inspire Dreams)'이라는 NGO를 통해 팔레스타인 난민촌에서 일했다. 사람들의 우려와 달리 팔레스타인은 전혀 위험한 곳이 아니었다.

이 기간 동안 내가 알게 모르게 가지고 있었던 인종차별적인 생각들을 돌아볼 수 있었다. 다른 문화를 이해하고 수용하는 법, 유연한 사고를 배울 수 있었던 것도 이때 얻은 소득이다.

난민 캠프에서는 예측할 수 없는 일들이 많이 일어났다. 어떤 날은 물이 잘 나오다가 다음 날 예고 없이 끊기기도 하고, 전기가 잘 들어오다가도 며칠 간 전기가 들어오지 않아 고생한 적도 있다.

아랍어를 배워 둔 덕분에 간단한 의사소통은 할 수 있었는데, 그들에게 다가가고 그들의 삶을 이해하는 데 용이했다. 언어는 역시 최고의 외교 정책이며 열쇠임을 느낄 수 있었다.

정치는 생각보다 복잡한 것이라는 것도 알게 되었다. 나는 이 기간 동안 미국 정부의 지원으로 팔레스타인에 한 달 만에 고속도로가 건설되는 것을 목격했다. 미국은 팔레스타인과 대치하고 있는 이스라엘과 정치적 우방이지만, 미국은 팔레스타인에 고속도로를 지을 수 있도록 원조하기도 하고, 한편으로는 이스라엘이 팔레스타인 사람들을 통제할 수 있도록 군사적인 지원도 동시에 하고 있으니 말이다. 이를 어떻게 해석해야 할까? 궁극적으로 어떤 목표와 마음가짐을 가지고 국제정치를 바라보아야 할지 생각해 보는 시간이었다.

2012년 6월 현재, 나는 미국 정부의 예산으로 운영되는 풀브라이트 장학위원회에서 터키 우샤크대학교로 파견되어 영어 강사로 일하고 있다. 외교관이라는 장기적인 비전이 있지만 교육정책에 대해서도 관심이 있어서 이곳에서의 경험 역시 내겐 아주 소중하다.

IIPP 프로그램의 마지막 단계는 국제정치 관련 대학원 과정을 밟는 것이다. 2, 3학년 여름방학 때마다 정책 연구 과정 수업을 들은 것들이 대학원을 준비하는 데 큰 도움이 됐다. 터키에서 영어 강사로 일하면서 교육에 대해 더욱 큰 관심을 갖게 되어서, 대학원에서는 국제정치학을 전공하면서 교육정책 분야에 초점을 맞춰 공부해 보고 싶다. 교육이 직간접적으로 지역사회 개발에 어떤 영향을 미치는지, 사람들의 삶에 얼마나 큰 영향을 미치는지를 내 눈으로 직접 확인했기 때문이다.

나는 교육의 힘을 믿는다. 터키에서 영어를 가르치면서 느낀 것은 교육의 기회가 사람들의 삶에 큰 변화를 가져온다는 것이었다. 예를 들어 영어를 배운다는 것은 터키 사람들에게 가족을 부양하고, 지역 사회를 돕고, 나아가 나라를 도울 수 있는 기회가 더 많이 제공될 수 있다는 의미였다.

대학교 밖에서도 자원봉사로 영어를 가르쳤는데 영어를 꾸준히 배우러 오는 사람 중에 40대로 보이는 남자 분이 계셨다. 그분은 매우 가난했지만 두 자녀들에게 영어를 가르쳐 주고 싶다고 했다. 그래서 나는 그분에게 영어를 가르쳐 드리기로, 내가 도와줄 수 있는 데까지 도와드리겠다고 약속했다. 내가 이분께 드릴 수 있는 작은 도움이 이분의 자녀들, 그 자녀의 자녀들에게까지 영향을 미칠 수 있다고 생각하니 나는 내가 여기 머무르는 동안 더 열심히, 온몸과 마음으로 이들을 돕고 싶어졌다.

나는 2013년 가을에 국제정치로는 세계에서 최고로 인정받는 터프츠대학교 국제대학원 플레처스쿨로부터 입학 허가를 받아 둔 상태다. 현재 일하고 있는 터키 우샤크대학교에서 1년 더 일하기로 했기 때문에 입학을 미뤄 둔 것이다.

대학원을 졸업하고 나면 정식으로 미국 정부나 국제기구에서 일할 수 있도록 특별 전형이 마련되어 있는데 나는 국무부에서 근무할 예정이다.

여러 나라에서 예비 외교관 훈련의 일환으로 인턴 활동을 하고 여행도 하면서, 세상을 보는 시야가 점점 넓어지고 있다. 다양한 국가

나 민족, 종교가 자기의 이익을 추구하지만 동시에 서로 의존할 수밖에 없다는 것을 직접 눈으로 보고 배웠다. 그러기에 정치나 외교, 정책적으로 어떤 태도와 마음가짐을 가져야 하는지가 매우 중요하다는 것을 깨닫는다. 각자가 서로의 입장을 이해하고 포용하도록 노력해야 한다는 것을 체득해 가고 있다.

나는 한국계 미국인으로서, 앞으로 미국을 대표해 일하게 될 것이다. 그러나 내 외모는 영락없는 한국 사람이기에 세계 어디를 가든지 사람들은 먼저 나를 한국인으로 인식한다. 그렇기 때문에 미국뿐 아니라 한국의 얼굴이라는 마음가짐으로 실력을 갖춘 국제관계 전문가가 되고 싶다.

나는 이렇게 꿈을 향해 한 계단씩 차근차근 밟아 나가는 중이다.

# 이유 있는
# 실패

어떤 사람들은 내가 장래에 미국 외교관이 될 것이 확실하니 성공했다며 부러워하기도 한다. 물론 나는 내가 무엇을 가장 하고 싶어 하는지, 내 꿈이 무엇인지를 발견하는 데 성공했다. 사립 명문대를 나와 예비 외교관으로 선발되어 국비로 연수를 받고 있으니 분명 흔치 않은 경험을 하고 있는 것이 맞다. 그러나 사람들이 성공이라고 부르는 이러한 '축복' 뒤에는 숱한 실패와 어려움이 있었다. 내가 나의 현재에 깊이 감사할 수 있는 이유도 바로 그것이다.

보스턴대학교에 합격하기까지, 나는 총 여섯 개의 아이비리그 학교와 다른 세 곳, 이렇게 총 9개 학교에 지원했다가 8개 학교에서 불합격 통지를 받았다. 나를 받아 준 곳은 보스턴대학교 한 곳뿐인 셈이다. 이뿐만이 아니다. IIPP 펠로우십 프로그램 말고도 5개의 프로그램에 더 지원했다가 4곳으로부터 거절 메일을 받았다.

첫 불합격 통지는 그럭저럭 견딜 만했다. 앞으로 좋은 소식이 날아들 확률도 높았기 때문이다. '설마 이 중에 한 군데는 붙지 않겠어?' 원서를 쓸 때만 해도 충만했던 자신감은 불합격 메일이 하나씩 도착할 때마다 조금씩 사그라졌다. 리스트에서 학교의 이름이 하나씩 지워져 갈 땐, 굵은 펜으로 진하게 눌러써 둔 내 희망들도 하나씩 지워지는 것 같았다. 마지막 한 군데만을 남겨 놓고 소식을 기다릴 땐 세상에서 가장 낮은 마음이 되어 가슴을 졸여야 했다.

그러나 단언하건대 내가 8곳의 불합격 통지와 4곳의 거절 메일을 받지 못했다면 지금의 나는 없었을 것이다. 모든 것을 내 혼자의 힘으로 이룬 양, 내가 겪은 어려움과 실패의 목록을 굳이 밝히고 싶지 않았을지도 모르겠다. 그리고 나에게 허락된 이 모든 혜택과 기회에 진심으로 감사할 줄도 몰랐을 것이다.


IIPP를 비롯한 여러 곳의 프로그램에 지원할 무렵, 나는 인생에서 아주 힘들고 어두운 시간을 보내고 있었다. 삶의 목적이 무엇인지 알 수 없어 공허했고, 매일 아침 눈을 뜰 때마다 그 어떤 기대감도, 희망도 없이 어서 오늘이 지나가기만을 바랐다.

두 살 위인 누나가 보스턴대학교 국제정치학과에 입학해 공부하는 것을 보고 재미있을 것 같아 나도 똑같은 학교, 똑같은 학과에 지원하긴 했지만 막상 학교에 들어와 보니 공부는 생각만큼 재미있지 않았다. 움직이던 공이 관성에 의해 저절로 굴러가듯, 그저 중·고등학교 때 공부하던 습관을 따라 의무적으로 학업을 따라갔을 뿐 내가 왜 여기에 있어야 하는지, 무엇을 해야 하는지 도무지 알 수 없었다. 내가 왜 정치를 공부해야 하는지 목적이 뚜렷하지 않으니 공부할 의욕도 나지 않았다. 목적을 알지 못하고 억지로 공부하는 것만큼 힘들고 지치는 게 또 있을까.

그러면서 삶에 대한 근본적인 질문들이 생기기 시작했다. 이전에는 확실하다고 믿었던 모든 것들이 한없이 불확실하게 느껴졌고, 이전에는 한 번도 궁금하지 않았던 것들이 궁금해지기 시작했다. 내가 가진 믿음과 내 삶의 모든 근간이 흔들리는 것만 같았다. 이렇게 나는 대학 시절, 삶의 목적을 찾아 헤매며 제2의 사춘기를 호되게 앓았다. 깊은 우울증이 찾아온 것도 바로 그쯤이다.

그러던 내가 예비 외교관으로 선발되었다는 소식은 길고 긴 터널 끝에 보이는 자그마한 빛과 같았다. 이유를 알 수 없이 힘든 지금 이 순간에도 분명 내가 알지 못하는 의미가 숨어 있을지 모른다는 생각이 처음으로 스쳤다.

"여러분이 여기에 온 것은 절대 우연이 아닙니다. 분명 여러분이 알지 못할 이유가 있을 겁니다."

정식으로 외교관 수업을 받기에 앞서 오리엔테이션이 있던 첫 주에, 담당 디렉터가 내 눈을 정면으로 바라보며 말했다. 온몸에 소름이 돋았다. 마치 누군가가 내 귀에 확성기를 대고 네가 정말 필요하다고, 너만이 할 수 있는 일이 반드시 있다고 말해 주는 것 같았다.

# 내 이름은
# 존 성찬 최

내 한국 이름은 최성찬(崔聖讚), 영어 이름은 존(John)이다. 내 풀네임인 존 성찬 최(John Sungchan Choi)에서도 알 수 있듯, 나는 강릉 최씨 집안의 장손이자 미국 이민 3세로 한국과 미국을 모두 품고 있다.

우리 가족의 이민 역사는 할아버지로부터 시작된다. 할아버지의 고향은 평양이다. 북한이 공산화되기 전, 정확히 말하면 1951년 1·4 후퇴 때 할아버지의 가족들은 평생 가꿔 온 삶의 터전을 뒤로하고 남한으로 피난을 내려오셨다.

할아버지께 들은 바로는 우리 집안은 대대로 의사 집안이었다고 한다. 당시 고조할아버지와 잘 알고 지내던 선교사님이 증조할아버지를 매우 예뻐하셨고, 그분 덕분에 증조할아버지는 연세대학교의 설립자인 언더우드 선교사 밑에서 주일학교 공부를 하시고 대동강에서 세례도 받으셨다고 한다.

재미있는 것은 증조할아버지와 증조할머니가 평양에서 만나 함께 신앙생활을 하다가 교회에서 신식 결혼을 올리셨다는 것이다. 이화학당(이화여대의 전신) 초기 졸업생으로 아펜젤러 선교사님 밑에서 공부하셨던 증조할머니는 영어를 잘하는 신여성이셨다고 한다. 그 당시의 신식 결혼식은 과연 어떤 분위기였을까? 연희의전(연세대 의대의 전신)을 나와 의사가 되신 증조할아버지는 결혼 이후 개성과 평양에 병원을 개원하셨고, 1·4후퇴 때 2남 3녀의 자녀를 데리고 남쪽으로 내려오셨다고 한다.

나의 친할아버지는 서울 의대를 졸업하시고 몇 년간 일본에 유학을 다녀오시기도 했다. 종로에서 운영하시던 병원이 제법 잘되었지만, 할아버지는 자녀들에게 더 많은 기회를 주기 위해, 소위 '아메리칸 드림'을 실현하기 위해 미국 이민을 결심하셨다. 올해로 85세가 되신 할아버지는 아직 미국에 생존해 계시다.

2남 1녀의 장남이었던 아버지는 열네 살 때 가족과 함께 오하이오주 클리블랜드로 와서 미국 이민 생활을 시작하셨다. 그러니까 아버지는 엄밀히 말해 이민 1.5세이신 셈이다. 아버지는 미국에서 열심히 공부하여 학부 학위를 두 개나 취득하셨고 명문 사우스웨스턴 신학대학원에서 공부하신 뒤 목사 안수를 받으셨다. 그리고 한국에서 간호학을 공부하신 뒤 미국으로 건너오신 엄마를 만나 결혼하셨다. 그리고 내가 태어난 것이다.

엄마는 경북 경주 출신으로 어린 시절과 청소년기를 '사방'이라는 시골 마을에서 보내셨다고 한다. 엄마가 살던 마을은 버스도 없고 기차만 하루에 몇 번 다닐 정도로 외딴 시골이었지만, 외할머니는 엄마가 세상 사람들에게 두루 좋은 영향을 끼치는 인물이 되게 해달라는 기도를 늘 잊지 않으셨다.

엄마는 5대째 기독교 집안에서 뿌리 깊은 신앙 교육을 받으며 자라셨다. 여러 대에 걸쳐 신앙의 유산을 물려받은 외가에는 목사님과 선교사님이 많다. 내 외고조할아버지의 형님(어머니의 친할머니의 큰아버지)이 대구제일교회 첫 한국 목사님이셨던 이만집 목사님이다. 그래서 엄마도 자연스럽게 어릴 적부터 철저하게 신앙 교육을 받으면서 선조들의 신앙을 물려받으셨다. 그런 신앙의 뿌리가 있었기에 어머니도 우리를 키우실 때 신앙 교육을 그 어느 것보다 우선으로 하셨다.

외가에는 크게 과수원 농사를 짓는 분들도 계셨고 목회나 정치를 하는 분들도 계셨다. 외증조할아버지는 외할아버지가 정치에 입문하기를 원하셔서 법대를 보내셨다고 한다. 아버지의 뜻대로 외할아버지는 법학을 전공하셨지만 사실은 목사가 되고 싶어 하셨다. 그러나 아버지의 극심한 반대에 부딪혀 '만약 목사가 되면 집안에서 쫓

겨날 줄 알라'는 엄청난 말을 들어야 했다. 그 당시 목사는 아주 가난하고 보잘것없는 직업으로 하층민 취급을 받았기 때문이다.

그도 그럴 것이, 외증조할아버지는 사과 과수원을 몇 개씩 가지고 있고 산도 여러 개 소유한 경주에서 제일가는 부자였다. 그러나 얼마 후 형제들 간의 재산 다툼이 일어나 그 많던 재산은 뿔뿔이 흩어졌고, 땅값은 하루가 다르게 떨어져 외가의 부유한 삶은 옛날이야기가 되고 말았다. 결국 외할아버지는 나이가 드신 후 당신의 소원대로 신학을 공부하고 목사가 되셨다.

그런데 외할아버지도 어머니가 법대에 가서 정계에 입문하기를 원하셨다고 한다. 우리나라 최초의 여자 판사 황윤석과 같은 인물이 되기를 기대하셨다. 그런데 어머니가 대학에 떨어져서 그 꿈을 이룰 수가 없었다.

이런 우리 가정의 역사를 살펴보니 내가 가진 꿈과 믿음이 선조들로부터 시작되어 결실을 맺고 있다는 생각이 든다. 특히 외할아버지나 어머니에게 있었던 정치에 대한 바람을 누나와 내가 차근차근 이루어가는 과정을 보면서 하나님께서 우리를 통해 가정의 오랜 기도에 응답하고 계시다는 생각을 했다.

엄마는 지방대학에서 간호학을 전공하고 서울에 올라와 취직하려고 했지만 지방대 출신을 뽑아 주는 병원은 없었다. 마침 서울대학병원에서 운영하는 중환자실 집중간호 교육프로그램을 알게 되어 그곳에서 공부하셨고 얼마 지나지 않아 한미재단에서 후원하는 뉴욕 메디컬센터 보조 간호사로 지원해 미국에 가서 생활하셨다. 그 후 일 년간 사우디아라비아의 왕립 병원에 정부 초청 간호사로 파견 돼 영어와 아랍어 통역을 담당하셨다.

엄마와 아빠는 뉴저지에 사시던 이모할머니의 소개로 추수감사절에 선을 보셨고 곧 사랑에 빠지셨다. 그리고 몇 달 뒤, 크리스마스가 며칠 지난 어느 날 결혼하셨다. 그리고 우리 삼남매를 낳았다. 만약 아빠와 엄마 두 분 중 한 분이라도 미국에 오지 않으셨더라면, 전혀 다른 배경을 가진 엄마와 아빠가 만나 사랑에 빠지지 않으셨더라면 나는 지금 이 땅에 없을 것이다.

# 내게는 뜨거운
# 한국인의 피가 흐른다

---

1988년 5월 10일 텍사스의 한 병원에서 남자아이의 우렁찬 울음소리가 들려왔다. 분만실 밖에서 초조하게 기다리던 가족들은 모두 환호성을 질렀다. 나는 태어나던 날부터 온 집안의 관심과 기대를 한 몸에 받았다.

그도 그럴 것이, 엄마는 나를 낳기 전에 목사 사모로 교회 일을 도우면서 너무 무리를 하신 나머지 자연유산을 하셨다. 그래서 나를 임신하셨을 때 열 달 동안 먹는 것, 입는 것, 걷는 것까지도 조심하셨다. 그리고 드디어 내가 태어난 날, 건강한 나를 안고 한없이 감사의 눈물을 흘리셨다고 한다. 내 영어 이름이 '하나님의 은혜'라는 뜻의 'John'이 된 이유도 바로 이것이다.

나는 온 가족의 보물이었다. 우리 외할머니는 내가 태어나던 날 지구 반 바퀴를 돌아 아예 미국으로 건너오셨다.

"아가 어쩜 이리 잘생겼노!"

나를 무척 귀여워하셨던 외할머니는 나를 한 번 안으시면 절대 내려놓는 법이 없으셨다고 한다. 엄마보다 나를 많이 업어 주신 분도 바로 외할머니다.

내가 태어난 것을 반긴 또 한 사람은 바로 누나였다. 나보다 두 살 많은 누나는 사랑을 빼앗겨 동생을 질투했을 법도 한데 나를 극진히 아껴 주었다. 잘못을 저질러서 엄마에게 혼날 때에도 나를 찾았다고 한다. "엄마 아빠 미워. 나는 앞으로 성찬이만 사랑할 거야!"

부모님은 내가 어디 가서든 진정한 리더십을 발휘하고 다른 사람을 돕는 사람으로 자라기를 바라셨다. 그래서 늘 다른 사람을 돕는 삶으로 본을 보이셨고, 해외 선교나 봉사활동에 많이 데리고 다니셨다. 외할머니가 엄마를 위해 '두루 좋은 영향을 끼치는 사람이 되게 해달라'고 기도하신 것처럼 엄마도 늘 내가 '하나님의 뜻대로 하나님을 기쁘게 하는 자녀가 되게 해달라'고 기도하셨다. 당신의 아들이 당신만의 아들이 아니라 이 세상에서 꼭 필요한 역할을 감당하는 사람으로 자라길 바라신 것이다.

미국에서 태어나고 자란 나에게 지금까지 먹어 본 음식 중 가장 잊을 수 없는 음식이 무엇이냐고 물으면 나는 주저 없이 할머니가 해주신 '감자전'을 꼽을 것이다. 겉은 바삭하고 속은 촉촉해서 한입 베어 물면 김이 모락모락 나던 할머니 표 감자전. 그때 그 맛을 어디 가면 다시 볼 수 있을까?

우리는 어렸을 때 외할머니, 외증조할머니와 함께 살았다. 4대가 한 집에 산 것이다. 할머니들과 함께 어린 시절을 보내서인지 나는 어르신들에 대해 각별한 마음이 든다. 특히 한국 지하철에서 어르신들을 많이 보게 되는데, 무거운 짐을 들고 계시면 할머니 생각이 나서 나도 모르게 짐을 들어 드리고 힘들게 계단을 오르시는 분들을 부축해 드리게 된다.

외증조할머니는 늘 곱게 빗은 머리에 비녀를 꽂고 계셨기에 우리는 그분을 '비녀 할머니'라고 불렀다. 비녀 할머니가 비녀를 잃어버리시기라도 하면 우리는 온 집 안을 뒤지며 보물찾기를 했다.

비녀 할머니는 간식으로 감자전을 자주 만들어 주셨는데, 우리는 감자전이 식탁에 올라오기가 무섭게 젓가락을 들고 달려들어 게 눈 감추듯 먹어 버리곤 했다. 할머니가 감자전을 부쳐내시는 속도보다 우리가 먹어 치우는 속도가 훨씬 빨랐기에, 우리는 열심히 감자전을 부치시는 할머니의 등 뒤에서 먹이를 기다리는 아기 새들처럼 입을 벌리고 기다리곤 했다.

이 외에도 우리가 어릴 적 집에서 주로 먹던 음식은 한국 음식이었다. 어머니는 우리가 한국 사람임을 늘 상기시키시려고 반드시 하루에 한 끼는 한국 음식을 해주셨다. 우리 가족은 어떤 일이 있어도 꼭 저녁만큼은 같이 먹었는데 어머니가 해 주시던 김치, 된장찌개, 불고기, 갈비 같은 한식을 먹으면 그렇게 맛있었다. 나와 누나가 보스턴에서 대학교를 다닐 때도 김치가 먹고 싶어서 엄마가 1년 내내 김치를 보내 주기도 했다. 그중에서도 우리가 제일 좋아한 반찬은 오이소박이였다. 밥을 먹을 때도, 고기를 먹을 때도 우리는 언제나 엄마의 손맛이 듬뿍 담긴 오이소박이를 먹었다. 그래서 오이소박이는 거의 일 년 내내 우리 집 식탁의 단골메뉴였다.

어린 시절의 따뜻한 추억 때문일까. 내가 세상에서 가장 맛있다고 생각하는 음식은 당연히 한국 음식이다. 미국 이민 3세로서 내 안에 뜨거운 한국인의 피가 흐르고 있기 때문이기도 하지만, 할머니가 해 주시던 따뜻한 감자전의 맛을 영원히 잊을 수 없기 때문이다.

# 도서관은
# 나의 놀이터

나는 어렸을 때 특별히 머리가 좋다거나 눈에 띄지 않는 평범한 학생이었다. 내가 혼자서 책을 읽을 수 있게 된 건 초등학교 1학년 때였으니 그리 빠른 편도 아니었다.

유치원에서 선생님이 책을 읽어 주시는 시간은 내게 그저 공상의 시간이었다. 선생님이 책장을 한 장씩 넘기실 때마다 친구들은 그림 밑에 적힌 문장을 큰소리로 따라 읽곤 했지만, 글을 읽을 줄 몰랐던 나에겐 글씨도 그림의 일부였을 뿐이다.

당시 선생님이 읽어 주시던 동화책에는 아주 똑똑하게 생긴 부엉이가 안경과 사각모를 쓰고 등장했는데, 책 읽는 데 관심이 없던 나는 상상 속에서 그 부엉이와 함께 창밖으로 날아가 하늘을 훨훨 날아다니곤 했다. 책을 읽는 것보다 부엉이와 노는 게 더 재미있었으니까.

그러던 내가 유치원을 졸업하고 초등학교 1학년이 되자 신기하게도 조금씩 글씨를 읽을 수 있게 되었다. 지금 생각해 보면 나의 언어능력이 폭발적으로 발달한 시기가 바로 그때였던 것 같다. 마치 글을 잘 읽게 해주는 신비의 묘약을 먹기라도 한 듯, 나는 언제부턴가저절로 책을 읽을 수 있게 되었다. 정말 신기한 경험이었다.

그러나 어찌 보면 이것은 당연한 일일지도 모른다. 나는 늘 책과가까이 있었기 때문이다. 엄마는 누나와 내가 아주 어렸을 때부터우리를 도서관에 데리고 다니셨다. 누나의 유치원 숙제 때문에 도서관에 가야 할 때 동생 은희와 나를 맡길 곳이 없었던 엄마는 우리 모두를 데리고 도서관에 가셨다.

도서관에 가서 매일 책만 읽은 것은 아니다. 어떤 날은 도서관 앞마당에서 놀기도 하고, 어떤 날은 매점에서 음료수만 사먹고 돌아온적도 있다. 그래서 나는 아주 어릴 적부터 도서관의 분위기가 익숙했다. 엄마는 우리에게 한 번도 책을 읽으라고 강요하신 적이 없다. 우리가 책과 친해지도록 환경을 만들어 주시고 우리 스스로 책을 읽고 싶은 생각이 들 때까지 기다려 주셨다. 엄마는 그런 분이셨다.

그래서 엄마와 함께 도서관에 가는 날은 신 나는 날이었다. 책도마음껏 읽을 수 있고, 마음껏 뛰어놀 수 있었으니까. 친구들과도 도서관에 자주 갔는데, 도서관에 갈 때는 그야말로 모험을 떠나는 기분이었다. 도서관은 나의 신 나는 놀이터였다.

엄마는 우리가 집에서도 책을 마음껏 읽을 수 있도록 집안 곳곳에 책을 놔두셨다. 우리 집은 이층집이었는데 각 층마다 미니 서재가 있을 뿐만 아니라 화장실에도 늘 과학 잡지가 있었다. 은희가 나중에 미국 대표로 국제과학경시대회에 나가게 된 것도 이 영향이 아닐까?

엄마는 책은 맘껏 읽게 해주셨지만 TV와 컴퓨터는 거실에 두고 철저히 통제하셨다. 개인적인 영상 시청을 허락하지 않는 대신 재미있는 드라마는 가족들과 다 함께 보고, 인기 있는 한국 드라마가 있으면 다 함께 빌려다 보기도 했다. 어차피 대학에 가면 개인 컴퓨터를 갖게 될 것이니 그전까지 컴퓨터는 철저히 숙제할 때만 사용하게 하셨다. 그땐 엄마가 조금 야속하기도 했지만 돌이켜 보면 원칙을 세워 주시고 철저히 지키게 해주셨던 것이 감사하다.

# 삶으로
# 가르치는 것만 남는다

내 인생에 가장 큰 영향을 끼친 여자를 꼽으라면 나는 주저 없이 어머니를 꼽을 것이다. 어머니는 대단한 이론으로 무장한 그 여느 교육 전문가보다 훌륭한 교육자이자, 삶으로 본을 보인 실천가다.

몇 년 전 엄마가 쓰신 책《엄마 울지마: 100만 불 장학생 엄마의 자녀교육 이야기》의 서문에는 이런 엄마의 모습이 고스란히 녹아 있다.

"나는 아무리 힘들어도 교육이 가장 큰 투자라는 신념을 가지고 시간과 물질을 아이들에게 투자했다. 이 아이들을 잘 키워서 이 나라, 이 사회에 필요한 인물을 만드는 것이 나의 책임이라고 생각했다. 자신만 생각하는 사람이 아닌, 남을 도울 줄 알고 세상을 이끌어

가는 사람이 되기를 원했다. 세 아이들 모두 지금은 모든 사람에게 영향을 끼치는 사람들이 되었지만, 어렵고 불쌍한 사람들을 보면 그냥 지나치지 않는다. 때로는 고난이 우리의 삶을 더욱 더 값지게 한다. 나는 아이들이 앞으로도 사회를 변화시키고, 세상을 변화시키고, 그러나 항상 겸손하여 남을 위해 희생할 줄 아는 아름다운 삶을 살아가기를 매일 기도드린다."

엄마는 우리가 어릴 적부터 늘 우리 머리 위에 손을 얹고 훌륭한 사람이 되게 해 달라고 기도하셨다.

"엄마, 훌륭한 사람은 어떤 사람이에요?"

"하나님이 기뻐하시는 사람, 다른 사람들에게 좋은 영향을 끼치고 사회와 나라와 세계를 아름답게 변화시키는 사람이 훌륭한 사람이란다."

엄마는 외할머니로부터 '열국의 어미'가 되게 해달라는 기도를 받으며 자라셨다고 한다. 그리고 엄마는 당신이 받은 기도를 고스란히 우리를 위해 하신다. 엄마의 원함대로가 아니라 하나님이 원하시는 대로 우리를 훈련시켜 달라고. 우리 세 남매는 하나님이라는 태양과 어머니라는 큰 나무가 없었다면 결코 자랄 수 없는 연약한 식물들이었고, 그 사실은 지금도 변함이 없다.

MBC 아침 토크쇼에 출연했을 때 진행자 중 한 분이 엄마에게 농담처럼 물으셨다.

"애들을 얼마나 잡았기에 그렇게 하나같이 공부를 잘해요?"

우리는 그분의 말투가 너무 재미있어서 다 같이 웃지 않을 수 없었다. 그러나 엄마는 우리에게 단 한 번도 '공부해라'라는 말을 하신 적이 없다. 오히려 우리가 공부하느라 너무 늦게까지 깨어 있으면 어서 자라고, 공부도 좋지만 쉬면서 하라고 우리를 말리신 적이 더 많았다. 우리는 공부가 재미있어서 했다. 누군가의 강요에 의해서, 혹은 의무감 때문에 했다면 지금까지 공부에 매진할 수 없었을 것이다. 그러한 우리의 생각 뒤에는 어머니의 지혜로운 양육 원칙이 있었다.

이제는 자녀 교육 전문가가 된 어머니의 양육 원칙을 사람들은 궁금해한다. 나도 많은 질문을 받았는데 그때마다 내가 대답했던 것을 정리해 보니 열 가지 정도 되었다.

첫째, '공부해라'라는 잔소리 대신 공부에 흥미를 가질 수 있는 환경을 만들어 주셨다.

사실 나는 고등학교에 올라갈 때까지 공부에 흥미도 별로 없었고 그리 잘하지도 않았다. 운동을 좋아해서 운동만 열심히 했는데 엄마는 한 번도 내게 점수를 더 올리라고 말씀하지 않았다. 물론 엄마도 속으로는 애가 탔을지 모르지만 늘 기도하시며 나를 믿어 주셨다.

무엇보다 공부하라는 잔소리 대신 저절로 공부가 하고 싶어지는 환경을 만들어 주셨다. 어릴 때부터 일주일에 한 번씩 도서관에 데려가셨고, 집 안 곳곳에 책을 놓아 두셨다. 또한 리더십 캠프나 교회 캠프, 운동 캠프 등에 보내서 그곳에서 만나는 강사나 함께하는 친구들을 보고 도전 받도록 하셨다. 그런 캠프에 다녀오면 나는 늘 새로운 것을 배웠고 사람들을 만나면서 인간관계를 잘 맺는 법도 배웠다. 게다가 공부도 열심히 해야겠다는 동기까지 생겼다.

둘째, 자존감이 높은 아이로 키우셨다.

엄마는 우리가 자존감이 높은 아이로 자랄 수 있도록 배려해 주셨다. 유치원 시절부터 우리가 만든 작품들은 아무리 작은 것도 버리지 않고 거실 진열장에 모아서 우리가 뿌듯함을 느낄 수 있도록 늘 칭찬해 주셨다. 그래서 다른 집에는 장식장이 귀한 물건으로 들어차 있었지만 우리 집은 늘 우리의 코 묻은 작품들로 채워져 있었다. 우리가 받은 상장이나 메달도 자랑스럽게 벽에 걸어 놓으셨다.

시험이나 시합을 앞두었을 때는 카드나 편지를 써주었다. '하나님 안에서 담대해라, 실패할 때도 있지만 두려워하지 말고 하나님을 의지해라, 나는 네가 자랑스럽다, 사랑한다'와 같은 내용이었다. 그런 카드는 언제나 내게 힘이 됐다. 내가 잘하든 잘하지 못하든 엄마는 항상 내 편이라는 생각에 크게 떨거나 걱정하지 않았다.

셋째, 자신감을 키워 주셨다.

엄마는 우리에게 "하지 마라"라는 말보다 "할 수 있을 거야. 한번 해봐"라는 말을 훨씬 많이 하셨다. 결과가 좋지 않더라도 비난하거나 야단치시기보다는 "다음에 더 잘하면 돼" "시험을 못 봐도 너는 사랑하는 내 아들(딸)이야"라는 말로 우리를 격려하셨다. 나는 어릴 때부터 공부보다 노는 걸 더 좋아했는데도 엄마는 "너는 천재인가

봐. 공부도 안 하고 이렇게 시험을 잘 보다니!"라고 말해 주셨다. 잠재적인 능력을 보고 그렇게 말씀해 주신 어머니의 전략이기도 했다. 사실 내가 생각해도 잘 본 시험이 아니었는데, 엄마의 그런 말씀을 들으면 내가 정말 천재라도 된 듯 자존감이 높아지고 한편으로 머쓱하기도 해서 다음번에는 조금 더 열심히 해야겠다는 생각이 들었다.

우리는 공립학교를 다녔는데 삼남매가 다 운동을 하고 악기를 배웠기 때문에 적지 않은 돈이 들어갔다. 때마다 돌아오는 캠프와 학교 행사에도 돈이 필요했다. 그렇지만 엄마는 우리에게 늘 "무엇이든 돈 걱정하지 말고 마음껏 해"라고 말씀하셨다. 어머니 사업이 조금씩 잘되어서 우리를 지원할 수 있는 여건이 되기도 했지만 삼남매를 초·중·고등학교 기간 내내 뒷바라지하기에는 결코 넉넉하지 않았다. 그래도 어머니는 교육이나 운동에는 아낌없이 투자하셨다.

돌이켜 보니 어머니가 매우 지혜로우셨던 것 같다. 미국 학교에서는 친구들이 모두 교내 운동이나 음악 활동을 활발히 하는데 우리만 그런 것을 하지 못한다면 우리의 성장 기회는 차단된다고 생각하셨던 것 같다. 동양계 미국인으로서 친구들 사이에서 소외감 느끼지 않고 더 열심히 학교생활을 할 수 있도록 배려해 주신 것이다.

넷째, 여행을 통해 배우게 하셨다.

엄마는 우리와 함께 멀리, 혹은 가까운 곳으로 여행을 자주 계획하셨고 연주회나 미술관 관람을 통해 다방면에 대한 관심을 불러일으키셨다. 가족들과 함께 여행을 가서 대자연 속에서 나누는 대화,

아름다운 선율이 흐르는 연주회에서 가족들과 눈을 마주치며 들었던 음악들, 재미있는 그림이나 조각 작품을 감상하고 집에 오는 길에 나눴던 우리의 생각들이 아직 기억 속에 생생하게 남아 있다. 공부는 책상에 앉아서 하는 것만이 아니라는 것을 우리는 어렸을 때부터 체험했다.

그 덕분인지 우리 삼남매는 모두 모험심과 호기심이 많고 여행하는 것을 좋아한다. 돈을 모았다가 기회가 되면 항상 어디로든 떠날 준비를 한다. 아메리카, 유럽, 아프리카, 아시아, 중동, 동남아시아 등 전 세계를 돌며, 다양한 문화를 접하고 세상을 보는 시각을 넓혔다.

다섯째, 우리의 관심사를 잘 알고 계셨다.

우리는 친구들을 자주 불러 집에서 공부했는데, 엄마는 우리가 좋아하는 연예인, 최신 가요, 패션 등에도 관심을 가져 주셔서 내 또래 친구들과 스스럼없이 대화하시고는 했다. 친구들은 엄마가 연예인에 대해 우리 못지않은 해박한 지식을 가지고 계신 것에 놀라곤 했다. 큰 원칙에 있어서만큼은 엄격하고 단호하실 때가 많았지만, 이처럼 우리 속으로 들어오려고 부단히 노력하는 신세대 엄마였다.

여섯째, 일대일 데이트로 고민을 들어주셨다.

집안 경제를 책임지느라 늘 외부 활동으로 바쁘셨던 엄마는 우리가 엄마에 대한 그리움을 느끼지 않도록, 그리고 가끔씩 우리 각자가 엄마를 독차지할 수 있도록 일대일 데이트를 위한 시간을 자주 내주셨다. 나는 엄마와 단둘이 영화를 보고 밥을 먹으며 마음속에 있는 얘기를 꺼내 놓곤 했다. 그러면 엄마는 언제나 내 이야기에 귀를 기울여 주셨고, 나의 고민을 듣고 적절한 조언을 들려주시곤 했다. 여자 친구에 대한 고민을 이야기할 때조차 엄마가 아닌 친구처럼 내 이야기를 들어주시기도 했다. 요즘은 엄마가 한국에 계셔서 데이트를 자주 하지 못하지만 나는 그 시간들이 가끔씩 그리울 때가 있다.

일곱째, 기다려 주셨다.

인내는 영적 진실성의 결과라고 하는데, 엄마는 인내의 달인이셨다. 나는 어렸을 땐 열심히 뛰어놀아야 하는 어린이의 본분에 충실해 원 없이 놀았다. 어릴 적부터 영재 교육을 받거나 선행 학습을 하느라 공부에 싫증이 났다면 커서 공부하고 싶다는 생각이 들지 않았을 것 같다. 엄마는 뭐든지 우리가 하고 싶어 할 때까지 기다려 주셨다. 우리에게 아무리 좋은 것이라도 자연스럽게 환경을 유도해 주시며 우리의 생각을 물으셨을 뿐 이것 해라, 저것 해라 말씀하신 적이 없다.

한 번은 어머니가 내게 공부가 재미없으면 엄마의 가게에서 일을 해보지 않겠냐고 물으셨다. 엄마는 내가 사업을 잘할 것 같다고 하시며 잘하면 가게를 물려줄 수도 있다고 말씀하셨다. 나는 재미있을 것 같아 시간 당 6달러를 받으면서 가게에서 판매를 도왔다. 몇 주간 해본 장사 일은 정말 재미있었다. 그런데 하루 종일 서 있는 것이 힘들어지고, 하루에 열 시간 씩 일해야 겨우 60달러를 버는 것에서 큰 기쁨을 느낄 수 없었다. 그러면서 곰곰이 생각하게 됐다. '과연 이렇게 사는 것이 내 꿈일까? 내 비전은 무엇일까?' 결국 나는 장사하는 것보다 공부하는 편이 훨씬 더 쉽다고 결론 내렸다. 그래서 다시 공부를 하기로 마음먹었다.

엄마는 이렇게 우리가 해보고 싶은 것을 마음껏 하게 하고 스스로 자기의 진로를 찾을 수 있도록 기다려 주셨다. 우리가 하고 싶은 것을 해보다가 그 길이 아니라고 생각하면 다시 접는 것도 배움이라고 생각하셨기 때문이다.

여덟째, 집안일을 시키셨다.

엄마는 우리가 네다섯 살 무렵부터 우리를 집안일에 참여시키셨다. 누나가 설거지를 하면 나는 방 정리를 하고 막내는 빨래를 갰다. 여름에는 정원의 잡초를 뽑았고 가을에는 낙엽을 부지런히 쓸었다. 각자가 맡은 일을 끝내면 엄마는 10센트를 정성스럽게 봉투에 담아 주셨다. 적은 액수지만 엄마는 우리에게 노동의 대가를 가르쳐 주고 싶으셨던 것이다. 그래서인지 나는 엄마가 운영하시던 액세서리 가게의 일을 돕는 것을 당연하게 여겼다. 방학 때는 외삼촌의 부탁으로 외삼촌 가게 일을 돕거나 어린 조카들을 기꺼이 돌봤다.

이 세상에서 궂은 일, 험한 일을 하는 사람이 따로 정해져 있는 것이 아니듯이, 우리가 당연하게 여기는 안락한 생활을 누리기 위해 '누군가는 해야 하는 일'을 가르쳐 주시기 위한 어머니의 방법이었다. 덕분에 나는 지금도 간단한 요리, 청소 등 웬만한 집안일은 어렵게 느끼지 않고 혼자서도 잘 처리할 수 있다.

아홉째, 베푸는 삶을 살게 하셨다.

엄마는 우리에게 베푸는 삶이 중요하다는 것을 가르쳐 주셨다. 어머니에게는 사람들을 섬기는 것이 사명이자 기쁨이었다. 그리고 말이 아닌 삶으로 우리를 양육하셨다. 집안 사정이 어려울 때나 넉넉할 때나 늘 우리보다 더 힘든 사람을 위해 베푸셨다. 학비를 낼 형편이 안 되는 어려운 유학생들에게는 장학금을 지원해 주셨고, 매주 주말이나 크리스마스, 추수감사절, 부활절 같은 날에는 외로운 유학생들을 집으로 초대해 한국 음식을 푸짐하게 차려 몸도 마음도 위로하셨다.

가까이에 있는 힘든 사람들을 돌보는 것이 곧 당신의 자녀를 돌보는 것이라고 생각하셨고, 어머니의 그런 믿음대로 우리는 전 세계 어디를 가도 사람들의 관심과 돌봄을 받았다. 우리가 교환학생이나 인턴십, 선교 여행 때문에 외국 그 어디에 있더라도 우리 주변에는 늘 우리를 진심으로 걱정해 주고 아껴 주는 사람들이 있었다. 나는 이것이 어머니가 평생 동안 다른 사람들을 섬긴 증거임을 확실히 믿는다.

열째, 봉사활동에 참여시키셨다.

엄마는 우리가 각종 봉사활동에도 적극적으로 참여하게 하셨다. 물론 미국에서는 공부 외에도 각종 봉사활동 경력을 중요하게 생각하고 그것을 대입에 반영하는 것이 사실이다. 그러나 우리 세 남매는 성적과 상관없이 많은 활동에 참여했다. 어렸을 때부터 힘든 사람들을 도우시는 부모님을 보며 자랐기에 봉사활동은 특별한 선행이 아니라 우리 삶의 자연스런 일부였다.

엄마는 지금까지 아프리카의 가나, 케냐 등 꼭 필요한 곳에 헌금을 보내 학교와 교회를 세우고 우물을 파는 데 쓰도록 하신다. 뒤에서 이야기하겠지만 우리 집안을 망하게 한 아프리카 사람들, 얼굴도 알지 못하는 그들을 위해서도 어렵게 번 돈을 보내신 것이다. 지금껏 엄마가 보낸 후원금은 우리의 몇 년 생활비와 맞먹는 액수로 결코 적은 돈이 아니다. 처음엔 이런 엄마를 이해할 수 없었다. 하지만 지금은 엄마의 가장 든든한 지원군이 바로 나다. 우리도 지금까지 누군가의 도움이 없었다면 여기까지 올 수 없었기에 우리가 누군가를 돕는 것은 당연하다는 것이 엄마의 생각이자 나의 생각이다. 그래서 나도 돈이 생길 때마다 농어촌 선교회나 어려운 교회에 헌금으로 보내고 있다. 엄마는 지금도 말씀하신다. 작은 씨앗을 심었더니 하나님이 우리에게 30배, 60배, 아니 100배로 복을 주셨다고.

엄마는 지금 '백만 불 장학생 엄마', '25억 장학생 엄마'로 불리며 전국의 교회, 학교, 공공기관에서 강연 요청을 받아 자녀 교육 세미나 강사로 제2의 인생을 살고 계시다. 외할머니의 오랜 기도대로 엄마는 지금 수많은 사람을 품는 '열국의 어미'가 되셨다.

사람들은 세 자녀를 미국 명문대에 장학생으로 보낸 엄마의 교육 방법에 아주 큰 관심을 보인다. 그러나 엄마는 당신이 최고의 부모가 아니라 최선을 다하는 부모였을 뿐이라고 말씀하신다. 당신은 세 아이들이 세계를 품을 수 있는 넓은 마음과 따뜻한 심성을 가질 수 있도록 옆에서 조율해 주었을 뿐, 대단한 교육법으로 아이들을 양육한 것은 아니라고.

엄마는 자녀 교육을 위해 부지런히 공부하시기도 했다. 성경에서 말하는 자녀 교육 방법, 세계적으로 유명한 사람들을 길러 낸 어머니들의 자녀 교육법, 중국 역사에 나오는 교육 방법, 조선 왕실의 교육 방법 등 실제로 많은 책을 읽고 공부하셨다. 그러나 낯선 미국 땅에서 세 자녀를 길러 낸 것은 배움도, 배경도, 돈도 아닌 어머니로서의 희생과 헌신이었다. 그 희생과 헌신을 당연하게 여기실 수 있었던 것은 당신이 어머니로부터 아낌없는 사랑을 받으셨기 때문이리라. 삶으로 가르치는 것만 남는다는 말처럼, 어머니의 삶은 우리의 교과서였다.

우렁이는 어미의 살을 먹고 자라난다고 한다. 살 속에 새끼를 품고 있다가 어느 날 우르르 새끼들을 쏟아내는 우렁이는, 어린 새끼들을 위해 자신의 몸을 아낌없이 내어 주는 것이다. 돌이켜 보면 우리 세 남매도 우렁이처럼 엄마를 먹고 큰 것이나 다름이 없다. 우렁이 새끼들도 언젠가는 어미 우렁이가 되어 제 살을 내어 줄 것이다. 어머니가 평생 동안 온몸으로 보여 주신 조건 없는 희생과 사랑. 엄마가 우리 세 자녀에게 물려주신 가장 큰 유산은 돈이 아닌 바로 이것이다.

# 눈물로 얼룩진
# 구구단

　어린 시절, 내가 가장 두려워했던 것은 다름 아닌 구구단 외기였다. 나는 2학년 담임이셨던 핀들리 선생님의 수업에서 곱셈과 나눗셈의 개념을 처음 배웠다. 나눗셈을 배우던 날은 내가 감기 몸살에 걸려 결석한 날이었기에 선생님이 다음 날 "나눗셈을 복습하자"고 하셨을 때 나는 도무지 감을 잡을 수 없었다. 왜 숫자의 머리 위에 다른 숫자를 올려놓는 건지, 두 숫자와 전혀 상관없어 보이는 숫자가 어떻게 답이 될 수 있는지! 수학은 나에게 마치 다른 나라 말처럼 느껴졌다.

　곱셈표를 보며 구구단을 외우는 것은 나눗셈보다 더욱 끔찍했다. 엄마는 내가 구구단을 어려워하자 매일 저녁 엄마가 보는 앞에서 구구단을 외워 보라고 하셨다. 그러다 엄마는 내가 하나라도 틀리면 다시 방으로 들어가 틀린 것을 공책에 스무 번씩 쓰고 외우게 하셨다.

구구단은 곱셈의 기초였고 나는 초등학교 2학년이었으니 엄마의 적절한 관심과 채근도 필요했겠지만, 어쨌든 나는 세상에서 구구단이 제일 싫었다. 아무리 반복해서 읽어도 외워지지 않았고 8살이었던 나는 '구구단 스트레스'로 매일 밤 울다 지쳐 잠들기 일쑤였다.

그러나 엄마는 내가 아무리 구구단을 못 외워도 절대 화를 내지는 않으셨다. 나의 답답한 마음을 공감해 주시며 내가 '공포의 구구단'을 다 외우게 될 때까지 기다려 주셨다.

자녀가 말을 안 듣거나 답답한 행동을 할 때 부모가 보이는 반응은 정말 중요하다고 생각한다. 화를 낼 것이냐, 자녀를 교육할 것이냐, 그냥 놔둘 것이냐. 때때로 부모들은 화를 내면서 자녀를 교육하고 있다고 착각하기도 한다. 그러나 화를 내는 순간 교육은 성립되지 않는다.

교육은 인격과 인격이 만날 때, 말이 아닌 삶으로 본을 보일 때 이뤄진다는 것을 나는 엄마를 통해 알게 되었다. 나는 어렸을 때부터 질풍노도의 사춘기까지 엄마에게 화를 낸 적이 셀 수 없이 많지만 엄마는 언제나 그 자리에서 나를 기다려 주셨다. 설령 내가 먼 길을 갔다가 돌아올지라도.

나도 나중에 그런 부모가 될 수 있을까? 아무리 생각해도 자신이 없다.

나는 새로운 개념을 받아들이고 내 것으로 만드는 데는 다소 시간이 걸리는, 지극히 평범한 아이였다. 그런데 운 좋게 초등학교에서 운영하던 특별반에 들어가게 되면서 이따금 "머리 좋은" 아이라는 말을 듣게 되었다. 그러나 '머리가 좋다'는 말이 주는 환상은 그 말을 듣는 아이와 그 말을 듣지 못하는 아이 모두에게 독이 되기도 하는 것 같다.

'머리가 좋다'는 말을 듣는 아이는 스스로 그 말에 얽매여 자신이 다른 친구들보다 똑똑하다는 생각에 우쭐하게 되고, 주변에서도 자연스레 좋은 성적을 기대한다. 반면 '머리가 좋지 않은' 친구들은 늘 스스로 부족하다고 생각하며 주변에서도 별다른 기대를 걸지 않는다. 머리가 좋다고 반드시 공부를 잘하는 것도 아닌데 말이다.

미국 하버드대학교 교수이자 심리학자인 하워드 가드너(Howard Gardner) 교수가 주창한 '다중 지능' 이론이 있다. 지능(IQ)이 높은 인간이 모든 면에서 우수할 것이라는 기존의 생각과는 대조적으로, 인간의 지적 능력은 언어, 음악, 자기 이해, 대인관계 등의 여러 유형으로 구성된다는 이론이다. 다시 말해, 머리 좋고 공부 잘하는 게 다가 아니라는 얘기다.

나 또한 성적으로만 치면 결코 우등생이 아니었다. 단지 평균보다 조금 잘하는 정도였을 뿐이다. 내가 명문이라고 일컬어지는 보스턴대학교에 들어갈 수 있었던 이유는 학교생활, 운동, 봉사활동 등 모든 것들이 어우러져 종합적으로 좋은 평가를 받았기 때문이다.

한국과 미국의 대학 입시에서 가장 큰 차이도 바로 이것이다. 미국 대학은 절대 성적만으로 학생을 평가하지 않는다. 이 학생이 전인격적으로 얼마나 고르게 발달했는지, 얼마나 이타적인 삶을 살아왔는지, 앞으로 이 학생이 우리 학교에 들어와 다른 학생들에게 어떤 기여를 할 수 있는지 등을 종합적으로 평가하는 것이다.

성적을 중시하는 한국의 대학 입시도 점차 이렇게 바뀌어 가면 좋을 거라 생각한다.

# 선의의 경쟁을
# 하는 가족

은혜 누나(Grace Choi)는 나의 가장 친한 친구이자 은희와 나의 롤모델이었다. 나는 어렸을 때부터 두 살 위인 누나를 보고 자라며 누나의 모든 것을 따라 했다. 그리고 은희는 자연스레 누나와 나의 모든 것을 보고 배우며 따라 했다. 우리는 서로가 서로에게 없어서는 안 되는 친구 같이 지냈다.

누나는 여러 면에서 나의 본보기가 되어 주었다. 내가 중학교에 다닐 때 고등학생이었던 누나는 늘 집에 친구들을 데려와 공부하곤 했는데, 서로 머리를 맞대고 고민하며 공부하는 모습이 그렇게 좋아 보일 수가 없었다.

누나는 한국 친구들은 물론 이란 친구, 중국 친구 등 다양한 친구들과 친하게 지냈고 그중에는 굉장히 똑똑한 친구들도 많았다. 거실에서 누나와 친구들이 공부하며 주고받는 대화, 근래의 관심사나 뉴스거리 등 다양한 주제로 이뤄지는 토론의 장에 나도 자연스럽게 합류하며 많은 도움을 받곤 했다. 그래서 나도 고등학교에 올라가면 누나처럼 친구들과 모여 함께 공부하리라 마음먹게 되었고, 실제로 스터디 그룹을 조직해서 큰 도움을 받았다.

또한 음악과 운동에도 관심이 많은 누나는 피아노와 바이올린도 수준급으로 연주하는 것은 물론, 고등학교에서는 기계체조와 다이빙 대표 선수로 활약하기도 했다.

나는 누나와 2학년 차이가 났지만 같은 고등학교에 다니며 같은 수업을 듣곤 했다. 미국의 고등학교는 마치 대학처럼 자유롭게 수업을 선택할 수 있기 때문이다. 누나는 내가 언제든 모르는 것을 물어볼 수 있는 든든한 선생님이자 스터디 메이트였다. IIPP 펠로우십 프로그램도 누나가 정보를 먼저 듣고 권해 주지 않았다면 나는 어쩌면 그 큰 기회를 놓쳤을지도 모른다.

누나는 나와 같은 보스턴대학교 국제정치학과를 전액 장학생으로 졸업했고, 백악관 인턴십을 마치고 미국 정부에서 주는 장학금으로 바르셀로나대학에서 유학하기도 했다. 덕분에 누나는 영어, 한국어, 스페인어를 어려움 없이 구사한다.

백악관 인턴십 경력을 바탕으로 나중에 매사추세츠 주지사인 드벌 패트릭 주지사 사무실에서도 일했다. 드벌 패트릭 주지사는 미국의 첫 흑인 주지사다. 그리고 현직 미국 대통령 오바마와 절친한 친구 사이기도 하다. 그 덕분에 누나는 이후에 오바마 대통령 선거 캠페인에서 일할 수 있는 기회를 얻었다. 언제나 자기 자리에서 맡은 일을 성실히 했던 누나에겐 좋은 기회가 꼬리에 꼬리를 물고 찾아왔다. 그 후에는 뉴욕에 있는 미국 10대 로펌 중 하나이며 미국 내 재판 승소율 1위를 자랑하는 회사인 폴 와이즈에서 근무했고, 최근에는 국제정치로 세계에서 최고로 인정하는 터프츠대학원에서 국제외교 정치학을 공부하고 2012년 5월에 졸업했다.

북한 인권 전문가가 되어 북한 사람들을 돕는 것이 꿈인 누나는 대학원 졸업 논문도 탈북민에 관해 썼다.

누나는 대학원 때 한 단체를 통해 북한에 다녀온 적이 있다. 위험한 곳임을 알면서도 북한의 인권과 평화에 대한 꿈을 실현하기 위해 담대함으로 그 땅을 밟고 오는 모습을 보면서 감동을 받았다. 그 덕분일까. 나도 중동이 위험하다는 것을 알았고, 어머니도 걱정하셨지만 그곳이 내 비전을 실현할 곳이라는 확신을 갖고 두려움 없이 팔레스타인과 터키에 다녀올 수 있었다.

누나는 동생들에게 용기가 무엇인지, 도전하는 삶이 무엇인지 직접 보여 주었다. 그런 누나가 있었기에 내가 여기까지 올 수 있었다. 든든한 지원군인 누나가 없었다면 내 삶은 더 힘들었을 것이다. 누나가 내게 그러했듯이, 나도 누군가에게 그런 든든한 존재가 되고 싶다. 내 도움을 필요로 하는 모든 사람들에게 말이다.

누나가 내게 개척자와 같은 역할을 했다면 동생 은희(Joy Choi)는 어릴 적부터 함께 뛰어놀던 친구이자 동반자 같은 역할을 했다.

어렸을 때부터 과학 잡지인 〈내셔널지오그래픽〉을 즐겨 봤던 영향인지 은희는 과학에 관심이 많았다. 애틀랜타에 살 때 과학 숙제로 물을 연구하는 실험이 있었다. 애틀랜타의 식수원인 한 호수의 수질을 조사하는 것이었다. 상수원부터 하류까지 다섯 군데의 지점을 정해 시간에 따라 수질이 어떻게 변하는지 분석해야 했다. 은희는 한 달 넘게 고생했지만 그 실험으로 상을 열 개나 받았고 미국 대표로 국제과학경시대회에도 출전했다. 그 대회에서 가장 큰 상은 주니어 노벨상인데 비록 주니어 노벨상을 수상하지는 못했지만 노벨 물리학상, 화학상 수상자들과 일주일간 함께 지내며 석학들에게 직접 궁금한 점도 묻고 교육도 받았다고 한다.

은희는 고등학교 졸업식 때 개교 이래 최고 성적으로 우등상을 받았고 졸업생 대표로 연설도 했다. 학교에서 성적 우수 학생에게 주는 자동차를 선물로 받기도 했다. 이 소식은 지역 신문에 나기도 해서 우리 가족은 지역에서 나름 유명 인사가 되는 영광을 누렸다.

어렸을 때부터 말괄량이 기질이 있었던 은희는 운동을 유난히 좋아해서 고등학교 시절엔 육상과 배구 선수로 활약했다. 음악에도 관심이 많아 피아노와 바이올린을 배웠고, 기타 연주도 수준급이다. 하버드대학교에 진학해서는 '언더 컨스트럭션(Under Construction)'이라는 아카펠라 그룹에서 활동했고 전 세계를 돌며 공연을 했다. 지난 2012년 봄에는 내한공연을 하기도 했다.

지명도 생소한 시골 마을에 사실 때부터 우리 외할머니는 손주들이 하버드대학교에 입학하여 세계를 위해 일하는 하나님의 일꾼들이 되게 해달라고 기도하셨다고 한다.

누나와 내가 보스턴대학교에 다니고 있을 때, 막내 은희는 여러 대학에 지원서를 내고 초조하게 기다리고 있었다. 스탠퍼드대학교에 너무나 가고 싶어 했는데 그 학교에서 불합격 메일을 받았다. 은희는 그날 하루 종일 울었다. 그런데 그 다음 날 하버드대와 예일대에서 동시에 합격 메일이 날아왔다. 우리 가족들은 모두 그것이 할머니의 기도 덕분이라고 이야기하며 은희를 축하해 주었다.

은희가 하버드대에 처음 들어갔을 때, 같은 기숙사를 쓰는 친구들은 은희가 공립학교를 나왔다는 사실에 놀라워했다. 그들은 '필립스 아카데미'를 졸업한 친구들이었다. 필립스 아카데미는 미국 최고의 사립고등학교 중 하나고, 학비는 대학교 학비와 맞먹을 만큼 비싼 곳이다.

한국 최고의 대학인 서울대학교도 강남 출신의 학생들의 비율이 점점 높아진다고 들었는데, 미국의 하버드대도 사립학교 출신의 비율이 증가하는 것이 현실이다. 요즘은 미국도 교육열이 뜨거워져서 입시 경쟁이 갈수록 치열해지고 있기 때문이다. 오바마 대통령도 한국의 교육을 언급하며 한국으로부터 배워야 한다고 하지 않았던가. 미국 사람들도 사립학교에 가야 명문대 진학률이 높아진다고 생각하는 경향이 두드러지고 있다.

어쨌든 우리 삼남매는 주어진 환경에서 최선을 다해 공부했고, 셋 다 공립학교를 졸업했지만 모두 사립 명문대에서 4년 전액 장학금을 받고 입학했다.

이후 은희는 빌게이츠 재단의 100만 달러 장학금 수혜자로 뽑혀 대학 입학 후 10년에 걸쳐 박사과정까지 지원 받는 영광을 얻었다. 하버드대를 전액 장학생으로 다니다 지난 2012년 5월에 졸업했다.

아르헨티나의 부에노스아이레스에 6개월간 교환학생으로 다녀오기도 한 은희 역시 영어, 한국어, 스페인어, 스와힐리어 등 4개 국어를 구사한다. 사회인류학을 전공한 은희의 꿈은 도시개발에 대해 더 공부하고 가난한 나라의 도시를 개발해 빈곤과 질병으로부터 자유롭게 하는 것이다.

나는 누나로부터도 많은 영향을 받았지만 은희가 이렇게 열심히 공부하고 활약하는 모습을 보면서 나도 현재 자리에서 멈추지 않고 서로 선의의 경쟁을 해야겠다고 생각하며 긴장하게 된다.

성경의 잠언에 이런 구절이 있다.

"철이 철을 날카롭게 하는 것 같이 사람이 그의 친구의 얼굴을 빛나게 하느니라"(잠언 27장 17절)

만약 나에게 무한한 사랑과 격려를 보내 준 누나와 동생이 없었다면 지금의 나도 없었을 것이다. 나는 우리 세 남매가 각자의 자리에서 우뚝 서서 국제무대에서 중요한 영향력을 끼칠 날을 기대해 본다.

# 조금 먼저
# 이민 왔을 뿐이야!

"어서 니네 나라로 돌아가 버려. 여긴 우리나라라구!"

누나와 내가 초등학교에 다닐 때의 일이다. 수업이 끝난 후 학교 버스를 타고 집으로 향하던 누나는 짓궂은 백인 남자아이들의 놀림에 눈물을 터뜨리고 말았다. 펑펑 눈물을 쏟으며 현관문으로 들어서는 누나를 보고 엄마의 가슴도 덩달아 덜컹 내려앉았다.

"엄마, 우리나라가 어디에요? 우리 집은 미국이잖아……. 나는 우리 집에 계속 살고 싶어, 엉엉……."

누나에게 무슨 일이 있었는지 직감적으로 알아차린 엄마는 아무것도 묻지 않고 누나를 말없이 꼭 안아주셨다. 그리고 그길로 누나의 손을 잡고 누나를 놀린 백인 남자아이의 집으로 찾아갔다. 엄마는 흥분을 가라앉히고 그 아이의 부모님과 마주 앉았다.

"당신네 할아버지가 단지 조금 일찍 이민을 왔을 뿐인데 왜 우리 아이가 놀림을 받아야 하나요? 인종차별적인 발언을 하면 학교에서 어떤 처벌을 받는지 알고 계시죠? 제가 교장 선생님을 먼저 찾아가지 않고 집으로 찾아온 이유는, 우리 아이가 나에게 귀하듯 당신 아이도 귀하다는 것을 알기 때문입니다. 아들을 문제아동들만 다니는 학교로 전학 보내고 싶지 않으면 이 기회에 확실히 교육시키십시오. 다시 한 번 이런 일이 있으면 그땐 그냥 넘어가지 않을 테니까요."

엄마는 집에 와서 눈물이 그렁그렁한 누나의 눈을 바라보며 두 손을 꼭 잡고 이렇게 말씀하셨다.

"넌 미국에서 태어났으니까 미국 사람이고, 한국인 부모의 뿌리를 가졌으니까 한국 사람이기도 해. 그리고 무엇보다 세상에서 유일한, 그 무엇보다 귀한 존재니까 당당하고 자신감 있게 살아야 한단다. 미국에 살면서 인종차별은 언젠가는 부딪혀야 할 문제야. 이 문제를 뛰어넘지 못하면 실패자가 된단다. 뛰어넘든지, 아니면 뚫고 나가야 해. 엄마가 항상 네 뒤에 있을게."

그날 이후 누나는 아이들의 놀려도 전혀 요동하지 않았다. 오히려 놀리는 아이들이 머쓱할 만큼 내면에서 흘러나오는 자신감과 당당함으로 아이들과 맞섰다. 누나가 더 이상 주눅 들지 않고 어깨를 펴고 다니자 아이들의 놀림은 거짓말처럼 멈추었다.

누나는 이후 학교에서 반장을 하기도 했고, 고등학교 때는 전교

부회장으로 당선되기도 했다. 고등학교를 졸업할 때는 대통령 표창
도 받고 대학교 2학년 때는 백악관에서 인턴으로 일하기도 했다.

사실 미국에서 태어난 동양인으로서 겪은 차별은 셀 수 없이 많다.
워낙에 많은 인종이 모여 있는 나라다 보니 정치적 공정성(political
correctness)을 염두에 두고 겉으로는 모두를 친절하게 대하지만, 눈
에 보이는 혹은 보이지 않는 크고 작은 차별이 존재하는 것이 사실
이다. 보이지 않는 차별을 가리키는 '유리 천장(glass ceiling)'이라는
말도 있지 않은가.

나와 은희도 초등학교 때 숱한 놀림을 당했다. 지금은 많이 달라
졌지만, 1990년대만 해도 내가 살던 애틀랜타에는 동양인, 특히 한
국인이 많지 않았다. 하루는 나와 은희, 그리고 에디라는 한국 교포
친구 한 명이 마당에서 같이 놀고 있는데 잘 모르는 백인 남자아이
들 세 명이 우리를 졸졸 따라오며 놀리는 것이 아닌가.

"눈이 저금통 구멍처럼 쫙 찢어졌네! 그 구멍에다 동전을 넣어도
되겠어!"

가슴 속에서 불같이 뜨거운 것이 확 치밀어 올랐다. 가만히 있을
수 없었다. 그래서 우리는 앞뒤 생각할 겨를도 없이 한 명씩 달려들
어 그 아이들을 실컷 혼내 주었다. 평소 운동을 좋아하고 말괄량이
기질이 있었던 은희가 맡은 아이는 시뻘건 코피를 흘리고 있었다.
그런데 바로 그때, 어디선가 변성기의 걸걸한 목소리가 들려왔다.

"이 녀석들! 내 동생 놓지 못해? 꼼짝 말고 거기 있어. 너희는 이제 끝이야!"

덩치가 산만 한 중학생 형이 나타나 우리를 쫓아오는 것이 아닌가. 산에서 곰을 만나면 이런 기분일까?

"은희! 에디! 녀석들을 놓아 주고 도망가자!"

우리는 녀석들의 멱살을 놓고 그대로 줄행랑칠 수밖에 없었다. 코피를 흘린 친구에게는 지금도 조금 미안하지만, 은희와 내가 한 편이 되어 악당(?)을 물리쳤던 통쾌한 순간은 지금도 기억이 난다.


말괄량이 은희는 내가 동네에서 야구를 할 때도 늘 따라와서 같이 하고 싶어 했다. 농구를 할 때도, 자전거, 스케이트를 탈 때도, 심지어는 미식축구를 할 때도 늘 나를 따라 함께 놀고 싶어 했다.

"은희야, 하지 마. 다쳐."

"아니야, 오빠. 나도 할 거야."

아무리 말려도 은희의 고집을 꺾을 순 없었다. 결국 용감한 은희는 남자아이들 10명 틈에 끼어 과격한 태클을 주고받으며 온몸이 땅에 흠뻑 젖도록 미식축구를 즐기곤 했다. 그 덕분일까? 은희는 고등학교 때 학교 대표 배구 선수로 큰 활약을 했다. 은희뿐만이 아니다. 누나는 학교 대표 다이빙 선수로, 나는 펜싱 선수로 수많은 메달을 따왔고 그 메달들은 지금도 거실 한쪽에 자랑스럽게 걸려 있다.

만약 누나가 백인 아이에게 놀림을 받고 돌아왔을 때 엄마가 즉시 현명하게 대처하지 않으셨다면 어떻게 되었을까? 우리가 받은 상처와 수치심을 제때 씻어 주지 않으셨더라면 우리의 삶은 어떻게 달라졌을까? 아마 지금처럼 각자의 자리에서 당당하게 어깨를 펴고 마음껏 리더십을 발휘하지 못했을 것이다. 우리 한 명 한 명이 세상에서 가장 귀한 존재라는 것을 온몸으로 느끼게 해주셨던 엄마, 한국인으로서의 긍지와 자부심을 심어주시기 위해 늘 애쓰셨던 엄마. 그런 엄마에게 이 자리를 빌려 다시 한 번 감사와 사랑을 전하고 싶다.

Mom, I love you!

# Part 2

# 아픔은
# 성장의
# 다른 이름

# 무너진
# 울타리

아버지는 목사 안수를 받으신 뒤 작은 한인 교회를 섬
기며 열심히 목회 활동을 하셨다. 자그마했던 교회는 그 규모가 점
점 커져 어느덧 교인은 200명(인구 비례로 보면 한국에서 2,000명 정도의 중
형 교회) 정도로 늘어났고, 아버지는 힘든 미국 생활로 지친 한인들과
이민자들의 정착을 도우며 교인들에게도 존경과 사랑을 받으셨다.

우리는 어려서부터 부모님이 다른 사람들을 위해 헌신하고 어려
운 사람들을 도우시는 모습을 보며 자랐다. 그래서 자연스레 우리
삼남매의 꿈도 다른 사람을 돕는 것이 되었다.

그런데 내가 열 살쯤 되었을 무렵, 아빠는 '나이지리아 유전 개발
에 투자하면 큰 이익을 얻게 해주겠다'는 국제 사기단에 속아 큰돈

을, 아니 거의 전 재산을 날리셨다. 그중에는 할아버지께 유산을 미리 받아 온 돈도 있었다. 오직 목회만 하면서 앞만 보고 달려왔기에 세상 물정에 어두웠던 아버지는 그 돈으로 교회도 건축하고, 어려운 사람도 도와주고 싶으셨던 것 같다. 그러나 사태는 생각보다 심각했고, 쉽사리 수습될 기미가 보이지 않았다. 더 이상 목회를 유지하기 어려울 정도였다. 그 무렵부터 엄마와 아빠의 다툼도 부쩍 잦아졌다. 엄마는 아빠가 어떻게든 일을 해서 가족을 부양하길 원하셨지만, 당신의 길은 오로지 목회 활동이라고 생각하셨던 아빠는 쉽사리 마음을 잡지 못하셨다.

결국 이 모든 상황을 감당하기 힘드셨던 아버지는 집을 나가셨고, 오랫동안 연락이 되지 않았다. 아버지를 존경하던 교인들도 하나둘씩 떠나 결국 온 교회는 뿔뿔이 흩어지게 되었다. 작은 한인 사회에서 소문은 빠른 속도로 퍼져 나갔고, 만날 때마다 미소로 인사를 건네던 사람들은 우리를 보며 수군대기 시작했다.

"저 집이 사기를 당해서 전 재산을 날렸다며? 아버지가 아예 집을 나갔대."

"뭔가 잘못을 했을 테지?"

"그러니까, 쯧쯧. 애들만 불쌍하지 뭐."

우리 앞에서 대놓고 손가락질을 하는 사람들도 있었다. 우리 가족이 어떤 어려움을 겪고 있는지, 얼마나 힘들어하는지 알려고 하지 않은 채 사람들은 자기들 마음대로 추측하고 소문을 퍼뜨렸다.

사실 나는 그때 어려서 정확히 무슨 일이 일어났는지 알지 못했다. 단지 아빠가 집을 나가셨다는 사실이 슬펐고, 하루빨리 아빠가 돌아와서 예전처럼 행복한 시절로 돌아갈 수 있기만을 바랄 뿐이었다. 다른 친구들의 집은 다 아무 문제없이 행복해 보이는데 우리 집만 힘들고 불행한 것 같았다. 온 가족이 함께 모여 예전처럼 행복하게 살 수만 있다면, 사라졌던 웃음꽃이 다시 피어날 수만 있다면 더 이상 바랄 것이 없을 것 같았다.

우리 가족은 아버지가 집을 나가신 이후로 오랜 시간 깊은 고통과 눈물의 터널을 지나야 했다. 아빠의 빈자리는 우리 세 남매에게도 큰 상처가 되었다. 아버지가 전 재산을 사기 당하고 돈을 벌지 않으셨기 때문에 통장에 돈이 한 푼도 없었다. 피자를 먹고 싶어도 돈이라고는 저금통에 들어 있는 동전밖에 없어서 먹지 못할 때도 있었다. 남편의 도움 없이 세 아이를 키워야 하는 엄마도 갑작스런 상실감과 뼛속까지 파고드는 외로움으로 고통의 날들을 보내셨다. 그러나 결코 외면할 수 없는, 당신이 아니면 살아갈 수 없는 8살, 10살, 12살의 어린 세 자녀가 있었다. 엄마는 오직 우리를 먹여 살리기 위해 새벽부터 나가 죽기 살기로 일하기 시작하셨다.

엄마의 첫 직장은 애틀랜타에 있는 한인 라디오방송국이었다. 방송에 대해 아는 것이 전혀 없었지만 아는 분의 소개로 방송국의 개척 멤버로 참여하게 된 엄마는 닥치는 대로 일을 배웠다. 방송 기기를 전혀 다뤄 본 적이 없었지만 한 달 만에 기기 다루는 법을 완전히 익힐 정도였다. 뭐라도 해서 자녀들을 먹여 살려야 한다는 절박함 때문이었을 것이다.

간호사 출신으로 미국에 건너와 목회자의 아내로 살았던 엄마는 새벽부터 나가 12시간 이상 일을 하고 집에 와서는 집안일과 우리를 돌봤다. 앞으로 무엇을 해서 우리를 먹이고 가르쳐야 할지 차분히 생각해 볼 겨를도 없이, 당장 내일 먹을 것을 걱정해야 하는 상황 속에서 엄마는 그저 일자리가 주어진 것에 감사하며 몸을 아끼지 않고 일하셨다. 하루 종일 몸을 혹사시킨 것도 모자라 밤에는 집으로 가져 온 서류 뭉치들을 처리하느라 엄마가 잠자리에 드는 시간은 늘 새벽 두세 시를 훌쩍 넘기곤 했다.

엄마가 열심히 일하셨지만 생활비는 늘 부족했다. 하루는 엄마가 내게 "할아버지께 가서 생활비를 좀 받아 오라"고 말씀하신 적도 있다. 할아버지는 의사로서 평생 병원을 운영해 오셨으니 우리보다 부자일 테고, 장손인 나의 부탁을 거절하시지 않을 것이 분명했다. 그러나 나는 왠지 발걸음이 떨어지지 않았다. 그냥 그 모든 상황이 싫었다고 해야 맞을 것이다. 나는 엄마께 조심스레 말씀드렸다.

"엄마, 할아버지보다 더 부자이신 하나님께 달라고 해요."

지금 생각하면 엄마가 얼마나 힘드셨을지 그 마음이 헤아려지지만, 그때의 그 말은 내 진심이기도 했다. 엄마는 그 이후로 내게 그러한 부탁을 하지 않으셨다.

라디오방송국에서 일했던 엄마는 가까운 친구의 도움으로 백화점의 액세서리 매장에서 일하게 되었다. 사람을 상대하고 물건을 파는 것 역시 생소한 일이었지만 엄마는 열심히 일을 배우고 최선을 다해 손님들을 대했다. 그 덕분일까. 엄마는 얼마 후 작은 액세서리 가게를 열게 되셨고, 한국의 남대문에서 가져온 액세서리들은 한인들은 물론 미국인들에게도 큰 호응을 얻었다. 평소 사람에게 관심이 많으셨던 엄마는 특유의 친화력과 상냥함으로 한 번 온 손님은 절대 그냥 보내는 법이 없으셨다. 장사가 잘될 수밖에 없었다. 한국에서 공수해 온 액세서리들은 날개 돋친 듯이 팔려 나갔다.

지역에서 좋은 반응을 얻은 '조이 패션(Joy Fashion)'은 점차 커져 3년 만에 점포가 5개로 늘어났다. 같은 지역의 다른 백화점에서 매장을 내자는 제의도 심심치 않게 들어왔다. 사람들은 3년 만에 이룬 큰 성공이라고 놀라워하며 여기저기서 그 노하우를 물어 왔다.

처음에는 계산기조차 두드릴 줄 몰랐던 엄마가 다섯 개의 액세서리 매장을 갖게 되기까지 엄마를 이끌어 온 원동력은 오직 '자식들을 먹이고 교육을 시켜야 한다'는 생각뿐이었다. 자식들을 위해 희생하는 한 알의 밀알이 되겠다는 생각으로 매 순간을 견뎌 오셨을 뿐, 엄마에게 남다른 사업 수완이 있었던 것도 아니고, 사업으로 성공하겠다는 생각이 있었던 것은 더더욱 아니었다.

그런 엄마의 마음을 느꼈기에, 어머니를 기쁘게 해드리기 위해 우리가 할 수 있는 것은 공부뿐이었다. 우리는 고생하시는 엄마를 생각하면 공부도, 운동도, 그 어느 것도 소홀히 할 수 없었다. 우리는 힘들게 일하시는 엄마를 통해 돈을 어떻게 벌고 어떻게 사용해야 하는지 배웠고, 바닥까지 낮아지는 시간을 통해 힘든 사람들의 아픔을 깊이 이해할 수 있게 되었다. '적당한 가난이 최고의 교육'이라는 말의 뜻을 어렸을 때부터 온몸으로 배운 셈이다.

# 아빠 없이
# 산다는 것

'아버지가 집에 계셨더라면 우리 가족이 이렇게까지 힘들게 살지는 않았을 텐데…….'

어렸을 때 수도 없이 했던 생각이었다. 한참 예민한 사춘기 시절 아버지의 부재는 자연스레 아버지에 대한 원망으로 이어졌고, 아버지에 대한 원망은 내가 믿는 하나님에 대한 원망으로 이어졌다.

'하나님이 계시다면, 하나님이 우리 가족을 사랑하신다면 왜 우리 집에 이런 일이 일어나게 하시는 거지? 사기를 당한 것도, 아빠가 집을 나간 것도 다 막아 주셨어야 하는 거 아닌가?'

아빠가 집을 나간 일도, 교회에서 수군거리는 일도 다 없었던 일이라고 생각하고 싶었다. 현실을 인정하기 어려웠다. 겉으로 보이는 친구들 가족처럼 '완벽한 가족', 안정감 있고 행복한 가정을 간절히 원했다. 부모님이 다시 합치면 나도 행복할 거라고 생각했다. 그런데 시간이 흘러도 나아지는 것은 없었다.

'다른 집처럼 아빠가 열심히 돈을 벌어다 준다면 엄마가 나가서 힘들게 일하지 않아도 되고, 그러면 우리 집도 예전처럼 행복했던 시절로 돌아갈 수 있을 텐데.'

아빠가 집을 나가신 후 아버지와 어렵게 연락이 닿아 밖에서 가끔 만나긴 했지만 아빠는 목회자로서 실패했다는 자괴감과 가족들을 힘들게 했다는 죄책감으로 힘든 시간을 보내고 계셨다. 나는 집에서 아빠와 연락하는 유일한 사람으로서 아빠를 이해하기 위해 노력했다. 목사로서, 장남으로서 사람들에게 인정과 존경만 받고 살아오신 아빠에게는 자신의 실수로 인해 일어난 이 모든 상황이 죽을 만큼 인정하기 힘든 것이었을지도 모른다.

이민 1.5세로서 한국어와 영어를 둘 다 완벽히 구사하는 아빠가 적극적으로 일자리를 찾지 않는 것과, 자신만의 세계에 갇혀 가족들과 소통하려고 하지 않는 것을 받아들이기까지 나에게도 오랜 시간이 필요했다.

나는 가끔씩 주체할 수 없는 분노가 치밀어 오르곤 했다. 그럴 때마다 그 분노를 쏟아내는 대상은 엄마였다. 무책임하게 집을 나간 아빠도 미웠지만 엄마도 미웠다. 아빠에게 돈을 벌어 오라고 하지만 않았어도 아빠가 집을 나가지는 않았을 거라는 생각 때문에 오랫동안 엄마에게 반항하고 화를 냈다. 여자 친구들을 수시로 바꾸어 사귀면서 엄마의 속을 많이 썩였다. 내가 가장 역할을 해야 한다는 무의식적인 책임감 때문에 스트레스를 심하게 받았던 것이다. 대학에 가기 전까지는 이 모든 상황을 어떻게 받아들여야 할지 혼란스러웠다. 물론 힘들게 일하는 엄마가 불쌍하고 연민을 느끼기도 했지만 내가 힘든 건 어쩔 수 없었다.

엄마에게 불같이 화를 내면서 물건을 집어 던진 적도 있었다. 그럴 때면 엄마는 "네 아빠랑 어쩜 그렇게 똑같니!" 하고 눈물을 비치셨다. 나는 그 말이 세상에서 가장 듣기 싫었다. 아빠의 가장 싫은 모습을 내가 닮았다니. 그리고 그것 때문에 내가 사랑하는 엄마를 힘들게 하다니. 내 자신을 용서할 수 없었다.

시간이 흐른 뒤, 대학교에 가서 어머니와 떨어져 지내면서 나는 가족을 객관적으로 바라보기 시작했다. 엄마나 아빠, 어느 한쪽이 무조건 잘못한 것은 아니라는 것, 어느 누구도 한쪽만 피해자고 한쪽만 가해자가 아니라는 것, 자녀를 사랑하지만 부모님도 실수할 수 있고 연약하다는 것을 알게 됐다.

오랫동안 미워했던, 그만큼 그리웠던 아빠. 우리가 가장 필요로 하는 그 순간, 자리에 계시지 않았던 아빠. 그런 아빠를 참으로 오랫동안 설득하고 변화시켜 보려고 노력했지만 아빠는 좀처럼 변하지 않으셨다. 결국 내가 내린 결론은 '내가 아빠를 변화시킬 수 없다'는 것이었다. 내가 할 수 있는 것은 단지 아빠를 사랑하는 것뿐이었다.

그리고 변하지 않는 아빠를 사랑하려고 노력하다 보니 어느덧 내가 변해 있었다. 어쩌면 변해야 했던 사람은 나였는지도 모른다.

나는 나를 세상에 나오게 해주신 것만으로도 아빠를 사랑해야 한다는 것을 안다. 아니, 진심으로 아빠를 사랑하고 싶다. 나는 우리 가정이 다시 회복되기를 늘 바라 왔지만, 이제는 그렇게 되지 않아도 감사하다. 이 모든 일들을 통해 우리 가족 모두가 성숙해졌기 때문이다.

지난 2011년 봄, 오랜만에 아빠를 만났다. 챙겨 주는 사람 하나 없이 혼자 지내시는 아빠는 몰라보게 수척해져 있었다. 50대 초반이라는 나이에 비해 훨씬 늙어 보이는 아빠가 그날따라 더 안쓰럽게 느껴졌다. 평소 다른 사람의 얘기는 잘 들으려 하지 않으시는 아빠는 내가 무엇을 좋아하는지, 무슨 꿈을 가지고 있는지 관심이 없으셨다. 아빠가 일자리를 구하고 조금이라도 활기차게 사시기를 바라는 마음에 나도 모르게 잔소리를 하게 될 때마다 아빠는 "쓸데없는 소리 하지 마" 이 짧은 한마디로 내 말을 잘라 버리시곤 했다.

그런데 오랜만에 아빠를 만난 그날, 아빠는 처음으로 내 얘기에 귀를 기울여 주셨고, 정치에 대한 나의 꿈과 비전을 인정해 주셨다. 그리고 앞으로 내가 관심을 갖고 있는 중동은 물론 전 세계에서 꼭 필요한 역할을 하는 사람이 될 거라고 격려해 주셨다. 아빠에게 처음으로 듣는 격려와 인정의 말이었다. 가슴속에서 밀려오는 뿌듯함은 그 어떤 것보다 큰 힘이 되었다.

늘 내가 사드리는 음식을 드시기만 하던 아빠는 그날 내게 처음으로 치킨 샌드위치를 사주셨다. 큰 키와 훤칠한 외모를 지니신 아빠와 그 외모를 꼭 빼닮은 나는 치킨 샌드위치를 먹으며 오랫동안 이야기를 나눴다. 그리고 그날 이후로, 나는 아빠를 이해할 순 없지만 사랑하기로 결심했다. 우리의 아픔이 너무나 커서 미처 돌아볼 수 없었던 아빠의 아픔을 이제는 돌아볼 수 있기를 기도하며.

# 나는 못 해도
# 우리는 할 수 있다

나는 여행을 갈 때 '어디에 가느냐'보다 '누구와 함께 가느냐'를 더 중요하게 생각한다. 아무리 아름다운 경치나 장관을 보아도 그 감동을 공유할 누군가가 없다면 아무리 재미있는 여행의 감흥도 곧 시들해지는 걸 경험했기 때문이다. 여행을 하다가 생각지 못한 어려움을 만나게 되었을 때도 옆에 누군가가 있다면 함께 힘을 합쳐 어려움을 뚫고 계속 즐겁게 여행을 해나갈 수 있지 않은가?

그런 면에서 인생은 여행과 많이 닮아 있다. 아무리 짐이 많아도, 길을 걷다 돌부리에 걸려 넘어져도, 혼자서는 외롭고 힘들지만 무거운 짐을 함께 나눠 지고 넘어진 나를 일으켜 세워 줄 수 있는 누군가가 있다면 그 여정은 훨씬 즐겁고 행복해질 것이다. 나도 이제까지 내 곁에서 나의 손을 잡아 주고 넘어진 나를 일으켜 준 가족들, 친구들, 선배들이 없었다면 지금의 나는 없을 것이다.

나는 지금껏 혼자 공부해 본 적이 거의 없다. 그럼 과외 선생님과 함께했느냐고? 그건 더더욱 아니다. 나는 늘 친구들과 함께 공부했다. 감사하게도 내 곁에는 모르는 것을 물어보면 친절히 설명해 주는 친구들이 늘 있었다. 고등학교 시절, 내가 모르는 게 있을 때마다 찾아갔던 인도 친구 닐 쿨카르니와 사가르 간디는 그야말로 '걸어다니는 구글'이었다. 그 두 친구들은 나의 질문을 귀찮아하지 않고 척척 대답해 주었고 어려운 문제는 함께 머리를 맞대고 고민해 주었다.

은혜 누나도 언제나 나에게 친절한 선생님이자 든든한 지원군이었다. 누나는 항상 친구들을 집으로 불러 같이 공부하곤 했는데 나는 친구들과 토론하며 재미있게 공부하는 누나의 모습이 부러웠다. 그래서 늘 '나도 고등학교에 가면 저렇게 공부해야지' 다짐하곤 했다. 그리고 자연스레 고등학교에 올라가자마자 친한 친구들과 스터디 그룹을 만들게 되었다.

당시 여자 친구인 유진, 나의 절친이었던 매튜, 그리고 몇몇 친구들과 함께 우리 집에 모여 같이 열심히 공부했다. 우리는 같은 수업을 들으며 같이 과제를 하기도 하고, 서로 궁금한 것이 있으면 질문하고 알려 주며 재미있게 공부했다. 하지만 인원이 너무 많아지면 놀고 싶은 마음이 커지므로 함께 공부하는 인원은 늘 서너 명으로 제한했다.

나는 학교에서나 스터디를 할 때나 모르는 것을 질문하는 데 주저함이 없는 편이었다. 모르는 것은 부끄러운 것이 아니라고 생각했기 때문이다. 모르는 것을 물어봤을 때 귀찮아하거나 시간을 아까워하는 친구는 정말 단 한 명도 없었다. 물론 나도 내가 더 잘 아는 것이 있으면 친구들에게 최선을 다해 설명해 주곤 했다. 모르는 것이 나오면 일부러 찾아서라도 공부한 뒤 가르쳐 주었다. 그렇게 최선을 다해 설명해 주고 나면 모호했던 개념이 내 머릿속에서도 확실히 정리되는 느낌이었다. 나와 함께 공부하는 친구가 똑똑해지면 나도 그만큼 똑똑해질 수 있다고 생각했기에 친구의 질문에 답해 주는 것이 귀찮기는커녕 재미있고 보람 있었다. 결국 나에게 최고의 선생님이 되어 준 것은 함께 공부했던 친구들인 셈이다.

안타까운 것은, 입시를 목표로 공부하는 대부분의 한국 학생들이 대학에 입학하기까지의 모든 과정을 '경쟁'으로 인식하는 경우가 많다 보니 친구들과 함께 나누며 공부할 마음의 여유가 없다는 것이다. 학교는 좋은 대학을 가기 위해서 다니는 곳이 아닐 텐데, 학원에서 모든 선행 학습을 마치고 난 뒤 학교에서는 '경쟁자'들과 나란히 앉아 입시라는 큰 관문을 향해 일제히 달려가는 것이다. 그것도 전속력으로.

미국에서 고등학교에 다니다 가족들과 함께 귀국해 한국에서 대학을 다니기로 결심한 친구를 만난 적이 있다. 이 친구가 가게 된 학교는 집에서 가까운 '자율형 사립고등학교'였다고 한다. 한국의 교과과정을 따라가기가 벅찼지만 이 친구는 나름대로 최선을 다해 공부했다. 하루는 수업 시간에 배운 내용이 잘 이해되지 않아 쉬는 시간에 교무실로 선생님을 찾아갔는데, 너무나 기본적인(?) 것을 묻는 학생의 질문에 선생님이 제일 먼저 꺼내신 말은 "너 학원 안 다녀?"였다고 한다.

미국에서 살다 온 이 친구는 주변 친구들에게 영어에 대한 질문을 많이 받았는데, 친절하게 설명해 주고 나면 옆 친구가 "그런 건 왜 가르쳐 주느냐"며 "네 공부에나 집중하라"고 했단다. 이 친구는 공부도 어려웠지만 너무나 다른 문화에서 오는 스트레스를 견디지 못하고 다시 미국으로 돌아갔다.

물론 극히 일부의 이야기겠지만, 나는 이 이야기를 들으며 대부분의 한국 학생들이 느끼고 있는 입시의 중압감이 얼마나 큰지 잘 알수 있었다. '경쟁자'의 질문에 내가 알고 있는 것도 자세히 설명해 주지 못한다면, 그 친구에게 없는 것은 시간의 여유가 아니라 마음의 여유일 것이다.

나도 물론 혼자 공부하는 시간이 있었지만 친구들과 함께 공부하며 배운 것들은 시간이 오래 지난 지금까지도 내 머릿속에 또렷이 남아 있다. 친구들과 머리를 맞대고 어려운 문제를 함께 풀어 냈을 때의 그 기쁨과 희열 또한 내 가슴 속에 아로새겨져 있다.

유난히 힘들었던 사춘기 시절도 나와 함께해 주었던 교회 형들이 없었다면 나는 그 시간을 견뎌 내지 못했을 것이다. 아버지가 계시지 않으니 집안의 유일한 남자로서 가족들을 돌봐야 한다는 부담감, 경제적인 어려움, 이유를 알 수 없는 분노 때문에 나는 참 많이 힘들었다. 때때로 참을 수 없을 만큼 격한 분노가 올라와 가족들, 특히 엄마를 힘들게 했다.

교회 형들은 그런 나를 잘 알고 있었기에 나에게 따뜻한 관심을 보여 주었다. 나를 볼 때마다 환한 얼굴로 맞아 주고, 격려해 주었으며, 힘들 때마다 나를 붙들어 주었다. 남자 형제가 없던 내게 교회 형들은 때론 아빠가 되어 주고, 형도 되어 주며 그렇게 내 곁에 함께 있어 주었다. 내가 대학교 2학년 때 보냈던 어두운 방황의 시기에도 내가 느끼는 감정과 생각을 솔직하게 털어놓을 교회 공동체가 없었다면 방황의 시간은 더욱 길어졌을 것이다.

영국의 시인 존 던은 "인간은 다른 사람과 떨어져서는 살아갈 수 없는 존재(Human beings do not thrive when isolated from others)"라고 말한 바 있다. 모든 섬들이 떨어져 있는 것 같아 보여도 결국 수면 아래에선 모두 맞닿아 있듯이, 우리는 그렇게 연결되어 있다.

인간은 원래 이기적이고 자기중심적인 존재이기에 모든 것을 혼자 처리하는 것이 때론 편할 때도 있다. 그러나 그 누구도 혼자서는 결코 살아갈 수 없는 존재들이다. 우리가 갓 태어났을 때를 생각해 보아도 그렇다.

마음의 빗장을 풀고 조금씩 솔직한 모습을 서로에게 보여 줄 수 있다면, 그리고 내 곁에 힘들어하는 친구에게 따뜻하게 손을 내밀어 줄 수 있다면 세상은 조금 더 살기 좋은 곳이 될지도 모른다.

# 한국에서의
## 첫 경험

어느덧 내가 탄 보잉 747기가 서서히 이륙하고 있었다.
비행기가 땅으로부터 서서히 멀어지자 땅 위의 집들이 작은 레고 블
록처럼 보이기 시작했다. 도로 위를 달리는 차들은 마치 줄지어 이
동하는 개미 떼 같았다. 비행기가 구름 속을 뚫고 들어갈 때의 그 짜
릿한 기분이란! 내가 구름보다 높은 곳에 있다니! 푹신한 구름 위로
당장이라도 뛰어들고만 싶었다. 나는 생전 처음 보는 광경에 좀처럼
입이 다물어지지 않았다. 이제 열세 시간 후면 새로운 세상이 눈앞
에 펼쳐질 거라 생각하니 더욱 신이 났다.

이민 3세로 자란 나는 사실 내 핏줄, 내 부모님의 고향인 한국을
열다섯 살이 되던 해 여름에 처음으로 방문했다. 어머니는 우리 삼

남매가 철이 들면서부터 매년 한 사람씩 데리고 한국으로 여행을 가주셨다. 작년에 누나가 한국에 다녀왔으면 올해는 내 차례고, 내년은 은희가 갔다 올 차례였다. 어머니는 우리를 데리고 강원도부터 제주도까지 명소란 명소는 전부 구경시켜 주셨다.

열다섯 살 때 처음 다녀 온 한국은 여러 가지 면에서 평생 잊지 못할 경험이었다. 미국을 벗어나 본 것도 처음이었고, 비행기를 타본 것도 처음이었기 때문이다. 지금 생각해 보면 나는 미국에서 태어나고 자란 '미국 촌놈'이나 다름없었다.

열세 시간의 긴 비행 끝에 드디어 한국 땅을 밟았다. 서울에 도착해서 가장 놀랐던 건 밤거리를 환하게 밝히고 있는 수많은 네온 불빛이었다. 마치 라스베이거스에 온 듯한 착각이 들 정도였다. 아찔할 정도로 높이 세워져 있는 고층 아파트들도 볼수록 놀라웠다. 나는 고층 건물을 올려다볼 때마다 그 앞에서 한없이 작아지는 기분이 들었다. 거리에서 나처럼 검은 머리를 가진 사람들을 그렇게 많이, 한꺼번에 본 것도 처음이었다. 기분이 묘했다. 모두 다 내가 살던 애틀랜타에서는 좀처럼 보기 힘든 광경이었다. 그러나 파란 하늘을 뒤덮은 안개와 매캐한 매연 냄새, 골목에서 마주친 쓰레기차의 냄새는 내가 더 이상 미국이 아닌 한국에 와 있다는 사실을 실감하게 해주었다.

나를 놀라게 했던 것은 이뿐만이 아니다. 날마다 내 눈앞에 펼쳐지는 진수성찬에 눈이 휘둥그레질 수밖에 없었다. 고국을 처음 방문하는 나를 위해 엄마는 다양한 한국 음식들을 맛보게 해주셨고, 친척들과 엄마 친구 분들의 대접으로 나는 날마다 맛있는 음식을 먹을 수 있었다. 양념 갈비, 해물탕, 생선회 등 나는 먹음직스러운 온갖 산해진미를 원 없이 먹어볼 수 있었다. 마치 왕이 된 기분이었다. 피자헛, 맥도날드, KFC 등 내가 좋아하는 패스트푸드를 한국에서도 맛볼 수 있다는 사실도 신기했다.

그러나 뭐니 뭐니 해도 가장 기억에 남는 것은 '보신탕'이었다.

"성찬아, 이게 뭔 줄 아니?"

"글쎄요. 육개장? 저번에 할머니가 끓여 주신 거요."

"이건 개고기란다. 한 번 먹어봐."

"네?! 뭐라고요? Dog meat?!"

처음엔 조금 망설여졌던 것도 사실이다. 그러나 얼떨결에 먹게 된 보신탕은 생각했던 것보다 훨씬 맛있었다. 느낌이 좀 이상하긴 했지만, 깔끔한 식당 안에는 보신탕을 먹으러 온 손님들이 정말 많았다. 그중에는 나와 비슷한 또래의 아이들도 몇 명 있었다. 더욱 놀라운 것은, 내가 한국에 머무르는 한 달 동안 보신탕을 세 번이나 더 먹었다는 사실이다!

맛있는 음식들을 먹을 수 있다는 것은 좋았지만 한국 여행에서 힘든 점도 있었다. 바로 걷는 것이었다. 한국에서는 삼겹살을 먹으러 갈 때에도 걸어가야 했고, 요구르트를 하나 사먹으러 갈 때도 걸어야 했다. 미국에서는 어디를 가든 차로 운전해서 갔는데, 서울은 대중교통이 잘 발달되어 있기도 했고 숙소와 가까운 웬만한 곳은 다 걸어서 갔기 때문에 다리가 많이 아팠던 기억이 난다. 그러나 맛있는 음식을 생각하면 그 정도 수고는 기꺼이 감수할 수 있었다. 오늘 점심에는 과연 뭘 먹게 될까, 설레는 마음은 한국을 여행하는 한 달 내내 사라지지 않았다.

한 달 간의 한국 여행이 마무리되어 갈 즈음, 엄마와 설악산에 갔던 그날도 잊을 수 없는 기억으로 남아 있다. 나는 그전까지 그렇게 큰 산에 가본 적이 없었기에 산에 간다는 것이 어떤 것인지 알 수 없었다. 내가 살던 애틀랜타에는 평지만 있고 산이 없었기 때문이다.

'산 정상에 올라가면 과연 어떤 기분이 들까?' 기대되었다. 서늘하고 흐린 날씨에 산에는 옅은 안개가 드리워져 있었다. 일행 중 한 아주머니는 많이 덥지 않은 이런 날씨가 등산하기에 아주 좋은 날씨라고 하셨다.

한 달간 푹 쉬면서 맛있는 음식들을 많이 먹어 둔 탓인지 몸에는 힘이 넘쳐흘렀다. 나는 엄마와 엄마 친구가 보이지 않을 때까지 한참 앞서 올라가 있곤 했다. 산을 처음 타는 애가 그야말로 '날아서' 산꼭대기까지 올라간 것이나 다름이 없었다.

하룻밤을 잔 다음 날, 우리 일행은 설악산에서 몇 킬로미터 떨어진 동해에 갔다. 내가 태평양에 처음으로 발을 담가 본 날이었다. 태평양이라고 하니 조금 거창해 보이지만 뭐든지 나는 의미를 부여하는 것이 좋다.

이번에는 바다에 갔으니 회를 먹어 보지 않을 수 없었다. 살아서 움직이는 싱싱한 회를 먹어본 것도 처음이었다. 젓가락으로 찌르면 꿈틀대던 생선. 휴우. 이걸 어떻게 삼키나 고민이 됐지만 한 젓가락 집어 먹는 순간, 입에서 살살 녹던 그 맛을 잊을 수가 없다.

한국에서의 첫 경험은 그렇게 생생하다.

# JYP에서 나를
# 캐스팅한다고?

고등학교를 졸업하고 나서, 엄마와 한국을 방문했을 때의 일이다. 엄마는 애틀랜타 한인 방송국에서 공연기획 매니저로 일하시면서 한국의 연예인들을 직접 섭외하고 초청하는 일을 담당하셨기 때문에 연예인들과 방송 관계자들을 조금 알고 계셨다. 나는 엄마가 아시는 분의 초대로 우연히 JYP 기획사에 들르게 되었다.

"오, 네가 성찬이구나. 아주 미남인데?"

"하하, 감사합니다."

"춤을 좀 춘다며? 한번 춰볼 수 있겠니?"

"네? 지금 여기서요?"

나는 그렇게 엉겁결에 JYP의 관계자 앞에서 춤을 추게 되었다. 예상하지 못했던 상황이지만 그다지 당황스러울 것도 없었다. 나는 제일 자신 있었던 마이클 잭슨의 '빌리 진(Billie Jean)' 음악에 맞춰 춤을 추었다.

'빌리 진'은 마이클 잭슨을 좋아하던 내가 중학교 때부터 몇 년 간 연습했던 것이기에 아주 익숙하게 스텝을 밟아 나갔다. 조금은 긴장했던 탓인지, 열심히 춤을 춘 탓인지, 춤을 추고 나니 이마에 땀이 송글송글 맺혀 있었다.

"춤 좋아한다더니 아주 잘 추는구나. 춤은 언제부터 췄니?"

"중학교 때부터요."

"어디서 배웠어?"

"혼자서 인터넷으로요. 흑인 친구들이랑 놀면서 배우기도 하고요."

"가수 할 생각 없니?"

"네? 가수요? 제가요?"

생각지도 못한 제안에 엄마와 나는 어안이 벙벙해졌다.


사실 나는 마이클 잭슨이 되고 싶었다. 마이클 잭슨의 뮤직비디오를 처음 보았던 중학교 1학년 때부터 나는 마이클 잭슨처럼 미끄러지듯 바닥 위를 걷고 싶었다. 그래서 그때부터 나는 틈만 나면 마이클 잭슨의 춤을 연습하기 시작했다. '문워크'를 똑같이 따라할 수 있을 때까지 매일 몇 시간씩 연습하고 또 연습했다. 연습을 하지 않으면 온몸이 근질근질해서 참을 수 없을 지경이었다. 마치 밥을 먹고 숨을 쉬는 것처럼 마이클 잭슨의 춤은 내 삶의 일부가 되었다.

인터넷을 샅샅이 뒤져 그의 춤이 담긴 뮤직비디오를 모두 다운받았다. 인터넷이 다소 느려서 다운받는 데 몇 시간씩 걸렸지만 그 시간이 전혀 지겹지 않았다. 그렇게 열심히 연습한 덕분에 마침내 나도 다리와 허리와 발을 마이클 잭슨처럼 자유자재로 움직일 수 있게 되었다. 온몸이 모두 따로 움직이는 듯, 하지만 절묘하게 맞아 떨어지는 동작을 하나씩 마스터할 때마다 나는 말할 수 없는 희열을 느꼈다.

춤을 마스터했을 뿐 아니라 마이클 잭슨의 히트곡 가사도 전부 외웠다. 그의 노래를 들을 때마다 온몸에 전율이 느껴졌다. 나는 제2의 마이클 잭슨이 되고 싶었다.

그러다 고등학교에 올라가면서 나는 에미넴(Eminem)이라는 가수의 음악에 새롭게 빠져들기 시작했다. 다소 직접적인 표현들과 거친 욕설이 섞인 에미넴의 음악을 들으면 나의 모든 걱정과 분노가 훌훌 날아가 버리는 듯했다.

에미넴의 음악을 들으면서 나도 모르는 새 일상생활에서 에미넴처럼 거친 말들과 욕설을 쏟아내기도 했다. 생각해 보면 어떤 음악을 듣느냐가 그 사람의 정서에 정말 큰 영향을 미친다. 내가 에미넴의 음악에 심취해 있던 때를 생각해 보아도 알 수 있다.

하드하고 거친 음악에 빠져 지내는 것이 물론 권장할 만한 것은 아니지만, 그렇게라도 하지 않으면 스트레스를 풀기 힘들었을 것이다. 그리고 내가 이렇게 십대 시절을 혹독하게 보내지 않았다면 나와 비슷한 터널을 지나고 있는 청소년들을 이해하지 못했을 것이다.

이처럼 음악과 춤을 좋아해 왔고 대학교 때도 친구들과 함께 댄싱 콘테스트에 나가 상도 여러 번 받았지만 가수가 되지 않겠느냐는 제 안을 받게 될 줄은 꿈에도 몰랐다. 그저 춤이 좋고 음악이 좋아서 친 구들과 함께 연습하다가 재미로 각종 대회나 오디션에 나가 보았을 뿐인데 내가 가수가 될지도 모른다고 생각하니 가슴이 두근거리기 시작했다.

물론 가수가 되는 길이 쉽지는 않겠지만 왠지 잘할 수 있을 것 같 았다. 고달픈 연습생 생활도, 외로운 한국 생활도, 춤에 대한 열정 하 나로 버텨낼 수 있을 것 같았다. 무대 위에서 화려한 조명을 받으며 춤추는 내 모습을 상상할 때면 나도 모르게 가슴이 두근거렸다. 소 녀들의 함성 소리마저 귓가에 들리는 듯했다. 한국 생활을 경험해 보고 싶은 마음도 컸다.

그런데 JYP에서 나를 "제2의 비로 키워 주겠다"며 끈질기게 러브 콜을 보내 왔다. 이후 다른 곳에서도 연예인이 되어 보지 않겠느냐 는 제안이 들어오기도 했다. 그러나 쉽게 결정할 수 있는 문제는 아 니었다. 나는 대학에 가고 싶은 마음도 컸기 때문이다. 진지하게 고 민해 보았지만 아무리 생각해 보아도 나의 생각은 확고했다. 물론 연예인도 좋은 직업이지만 나의 꿈은 훌륭한 정치가가 되는 것이었 기 때문이다.

요즘 전 세계적으로 오디션 열풍이 뜨겁다. 나도 오디션 프로그램을 흥미롭게 지켜보는 애청자 중의 한 명이다. 한국에도 수많은 오디션 프로그램이 있고 그런 기회를 통해 다양한 재능을 가진 새로운 인재가 발굴되는 것은 아주 좋은 일이라고 생각한다. 그러나 화려한 연예인의 겉모습만 보고 그들의 삶을 동경하는 건 자칫 섣부른 생각일 수 있다.

소위 '성공한' 연예인들이 무대에 오르기까지는 우리가 알지 못하는 힘든 이면이 있다. 마치 화려한 조명 뒤에는 어두운 그림자가 있는 것처럼 말이다. 모든 직업이 그렇지만 연예인이라는 직업은 수많은 사람들에게 노출되다 보니 그만큼 막중한 책임감도 따른다. 어떠한 책임이 따르는지 전혀 알지 못한 채 연예인이 되는 것 자체가 목적이 되어 연예인을 꿈꾼다면, 자기만족은 있을지 모르지만 수많은 사람들에게 건강한 영향력을 끼치기는 어려울 것이다.

오디션 프로그램이 유행하면서 막연하게 오디션을 보러 다니는 친구들이 많을지도 모른다. 그러나 나는 막연하게 오디션을 쫓아다니기 전에 내가 정말 준비가 되어 있는지, 연예인이 되고자 하는 목적이 무엇인지를 진지하게 고민해 보라고 말하고 싶다. 그리고 연예인이 되려면, 아니 정말 연예인으로 성공하고 싶다면 내 인생을 전부 걸 만큼의 확신이 있어야 할 것이다. 그만큼 그 길은 쉽지 않다.

내가 JYP 오디션을 보기 전에도 진로의 선택을 두고 비슷한 고민을 한 적이 있다. 친구와 백화점에 갔는데, 어느 모델 에이전시에서 아시아계 모델이 필요하다며 모델을 해보지 않겠냐고 제의한 것이다. 외모에 관심이 많았던 터라 나는 재미있을 것 같아서 해보겠다고 했다. 그래서 모델 수업을 받고 플로리다에서 열리는 패션쇼에도 참가했다.

플래시 세례를 받는 것, 멋있는 포즈를 취하고 표정을 짓는 것 등이 모두 신기하고 재미있었다. 게다가 모델로 성공하면 유명해질 수도 있고 화려한 삶을 살 수 있을 것 같아 마음이 들떴다. 그런데 6개월 정도 일해 보니 돈도 많이 들고 장거리 비행도 잦았다. 게다가 모델 일을 계속하려면 학교 수업을 자주 빠져야 했는데, 학업을 포기할 만큼의 가치 있는 일인지 다시 한 번 생각해 보게 됐다. 그리고 내가 앞으로 정말 잘하고 성공할 수 있는 길은 모델이 아니라 공부라는 것을 깨닫게 됐다.

나는 춤을 추고 노래를 부르는 것을 좋아하고 잘한다. 좀 더 연습하면 더 잘할 자신도 있다. 그래서 가수나 모델 제의는 큰 유혹이었다. 그러나 지금 당장의 즐거움만 보지 않고 내 인생 전체를 보려고 노력했다. 대신에 놀 때는 확실하게 놀고, 공부할 때는 누구보다도 맹렬히 공부했다. 좋아하는 일이지만 내가 세운 비전을 가장 먼저 염두에 두었다. 때로는 다양한 기회가 내게 주어지고, 그 갈림길에 서면 멈칫할 수 있다. 물론 새로운 길에 호기심을 가지고 병행할 수 있다면 그것도 좋은 선택일 수 있다. 또한 주변 사람들로부터도 그

쪽에 정말 소질이 있다고 인정받고 있고 인생 전체를 걸 만큼의 확신이 있다면 그것이 비전이 될 수도 있다.

지금 당장의 생각보다 인생 전체의 보람과 목표를 생각해 보길 권한다. 만약 그때 내가 가수의 길을 선택하고 나중에 정치 공부를 하겠다고 욕심을 부렸다면 나는 내 오랜 꿈을 이룰 수 있는 기회를 잃었을 수 있다. 그래서 가수 제안을 거절한 일은 아쉽기도 하지만 중요한 순간에 침착하게 결정을 내린 나 자신을 칭찬해 주고 싶다.

# 피가 마르던
# 나날들

고등학교 졸업 시험이 한 달도 채 남지 않은 어느 날. 아침부터 영 컨디션이 좋지 않았다. 몸이 으슬으슬한 것이 감기몸살인 듯했다.

'어제 늦게까지 공부하느라 잠이 부족해서 그런 걸 거야. 그래도 지금 아프면 안 되는데…….  약을 먹으면 나아지겠지?'

나는 학교 수업이 끝나자마자 집에 와서 약을 먹고, 냉장고에 있던 게토레이 1리터를 단숨에 들이켰다. 그러고는 침대에 누워 이불을 머리끝까지 뒤집어썼다. 감기약도 먹고 수분도 보충했으니 몇 시간 푹 자고 일어나면 나아질 거란 생각에서였다. 그런데 몇 시간 자고 일어나 공부하려던 계획과는 달리, 눈을 떴을 땐 이미 다음 날 아침이었다.

'왜 이렇게 많이 잤지. 내가 그렇게 피곤했나……'

그 전날보다는 분명 나아진 것 같았지만 학교에 가서 수업을 듣다 보니 온몸이 축축 처지는 것이 견딜 수 없이 힘들었다. 1층에서 2층으로 올라가는 그 몇 계단을 오를 때조차 숨이 차고 현기증이 났다. 평소에는 아무리 몸이 안 좋아도 자고 일어나면 금세 좋아져 있곤 했는데, 그날은 이상하게 몸이 말을 듣지 않았다.

'명색이 학교 대표 펜싱 선수인 내가……. 지금껏 아파서 병원에 간 적이 단 한 번도 없는 내가 왜 이러지?'

이런 생각을 하며 2층 계단을 거의 다 올랐을 때 나는 그 자리에 그대로 주저앉고 말았다. 눈앞이 하얘지면서 식은땀이 났다. 나는 친구들의 부축을 받아 간신히 다음 수업이 있는 교실로 갈 수 있었다.

마침 엄마는 일 때문에 상하이로 출장을 가고 계시지 않았다. 만약 엄마가 계셨더라면 나를 바로 병원에 데려가셨겠지만, 나는 졸업 시험과 AP(Advanced Placement: 졸업학점 선이수제) 시험이 한 달도 남지 않은 상황에서 쉽게 병원에 갈 엄두가 나지 않았다.

'지난 몇 개월간 잠도 줄여가면서 열심히 공부했는데 병원에 가면 분명 시간이 오래 걸릴 거고, 혹시 심각한 결과가 나오기라도 한다면……? 설마, 아니겠지. 그간 공부한 것들이 물거품이 되는 것보다는 차라리 몸이 좀 아픈 게 나아.'

지금 생각하면 미련한 일이었지만, 나는 시험이 끝날 때까지는 어떻게든 참아 보기로 했다. 그렇게 이를 악 물고 버틴 덕분일까. 시험에서는 모두 좋은 결과를 얻었다. 몸도 완전히 회복된 건 아니었지만 처음보다는 많이 나은 것 같았다.

출장을 마치고 돌아오신 엄마는 이런 사실을 전혀 모르시는 게 당연했다. 엄마께 걱정을 끼쳐 드리고 싶지 않아서 굳이 말씀드리려 하지 않았다. 그런데 시험도 끝나고 졸업식도 끝나자 긴장이 풀린 탓인지 몸이 다시 이상해졌다. 나는 그제야 할 수 없이 엄마께 그간의 내 몸 상태에 대해 말씀드렸다.

엄마는 소스라치듯 놀라시며 나를 그 즉시 응급실로 데려가셨다. 학교에서 쓰러진 지 정확히 한 달만이었다.

"왜 이제 오셨나요? 조금만 더 늦었더라도 목숨이 위태로울 뻔했습니다. 당장 입원하십시오."

의사 선생님은 내가 이 상태로 살아 있는 것이 기적이라고 했다. 몸속의 혈액이 건강한 사람의 50퍼센트밖에 남아 있지 않다는 것이었다.

"몸속에 피가 50퍼센트밖에 없는데 어떻게 살 수 있죠?"

나는 너무 놀라서 의사 선생님께 되물었다.

"그나마 아직 나이가 젊고 매일 운동을 하는 운동선수였기에 망정이지 보통 사람이라면 견디기 힘들었을 겁니다. 이건 거의 암 환자와 비슷한 수치예요. 당장 수혈을 받아야 합니다."

순간 두려움이 밀려왔다. 몸이 좀 아프긴 했지만 내 상태가 이렇게 심각할 줄은 상상도 하지 못했기 때문이다.

나중에 의사의 자세한 설명을 들으니 처음에는 스트레스로 인한 신경성 위염으로 시작한 것이 위궤양이 되고, 그것이 위벽에 내출혈을 일으켜 결국에는 과다 출혈로 이어진 것이라고 했다. 나는 문득 일 년 전부터 위가 자주 아팠던 것과, 속이 쓰려 제산제를 자주 먹어야 했던 것, 친구 매튜가 나한테 '위궤양이 있을지도 모른다'고 했던 것들이 떠올랐다.

예방주사를 맞을 때 빼고는 단 한 번도 병원에 간 적이 없을 정도로 건강한 나였기에 나의 이런 모습에 나보다 놀란 사람은 엄마였다. 할아버지가 미국에서 30년 넘게 의사로 일하고 계시지만 할아버지에게조차 처방전을 받아 본 적이 없는 건강한 내가 아프자 엄마는 일 때문에 나를 잘 돌보지 못했다며 눈물을 글썽이셨다. 엄마는 그날부터 모든 일을 제쳐 두고 내 곁에서 나를 극진히 간호하셨다. 엄마가 하시던 모든 사업을 정리하게 되신 시점도 그 무렵이다.

나는 병원에서 혈액주머니와 수액을 달고 환자처럼 누워 있는 내 모습이 믿기지 않았다. 다른 것도 아니고 건강 때문에 가족들에게 걱정을 끼치게 되리라고는 상상도 하지 못했다.

'이건 말도 안 돼. 나는 공부도 열심히 하고, 운동도 열심히 하고, 담배도 안 피우고, 술도 안 마시고 건강하게 사는데 왜 나한테 위궤양이 생겼지? 이건 불공평해.'

펜싱 팀 주장으로서 주 대회, 지역 대회, 전국 대회에까지 나가서 수많은 메달을 땄던 내가 하루아침에 건강을 잃고 나니 너무나 부끄러웠다.

나는 엄마와 여자 친구에게 이유 없이 짜증을 내는 경우가 부쩍 잦아졌다. 나를 사랑하고 지지하는 두 사람은 나를 이해해 줄 거라 믿었기 때문이다.

나는 그때까지만 해도 몸이 아픈 것이 억울하게만 느껴졌다. 내가 왜 이런 일을 겪어야 하는지 도무지 이해할 수 없었다.

그런데 얼마 후, 신기하게도 내 마음속에는 나보다 더 아픈 사람들의 모습이 떠올랐다. 암에 걸린 사람들, 몸이 불편해 걸을 수조차 없는 사람들, 아파도 치료조차 받을 수 없는 사람들의 얼굴이 눈앞에 아른거리기 시작했다.

'그래, 죽지 않은 것만도 감사해야지. 내가 그동안 받은 축복이 얼마나 많은데……. 그동안 건강한 걸 당연하게 생각했는데……. 건강하게 지내 온 건 정말 감사한 일이었구나.'

나는 수혈을 받으며 몸이 차츰 회복되는 것을 느낄 수 있었다. 우리 몸에는 피를 통해 산소가 공급되는데 혈액이 부족해 산소 공급이 안 되니 자주 어지러웠던 것은 당연했다. 나는 위내시경과 여러 가지 종합 검사를 받았고, 며칠 더 입원했다가 퇴원해서 3개월간 꾸준히 통원 치료를 받았다.

나는 그때까지만 해도 고통은 무조건 감수하고 참아내야 하는 것이라고 생각했다. 육체적, 정신적, 감정적 고통을 막론하고 고통의 순간은 '내 안의 연약함이 빠져나가는 순간'이라고 생각했으니까.

나는 사실 직업군인이 되고 싶은 마음도 있었다. 웨스트포인트 (Westpoint) 사관학교에 가거나 대학에 들어가서 학군단(ROTC)에 지원하고 싶었다. 달리기 연습이나 펜싱 연습을 할 때도 지치거나 힘든 순간이 오면 '나는 지금 군대에서 받을 훈련을 미리 받는 거야! 이 정도쯤은 견딜 수 있어야 해! 조금 더! 조금만 더!' 하면서 스스로를 강하게 채찍질하곤 했다.

그러나 아픔을 겪고 난 뒤, 나는 내가 강철로 만들어진 인간이 아니라는 사실을 깨달았다. 나의 한계를 인정하게 된 것이다. 어쩌면 나는 그때까지 내 자신을 너무 심하게 몰아붙였는지도 모른다. 욕심을 내어 '조금만 더, 조금만 더!' 하다가 결국 죽을 뻔하지 않았는가. 한계 상황에 닥치고 보니 나는 내가 얼마나 무력하고 작은 존재인지 깨달을 수 있었다. 내 몸은 내 마음대로 할 수 있는 것이 아니었고, 내 생명은 내 손에 달린 것이 결코 아니었다. 나는 고난을 통해 조금 더 성숙해졌고, 더욱 강해져 있었다. 이유 없는 고난은 없다는 것도 알게 되었다. 고난은 위장된 축복이라 했던가.

나는 이후로 '덤으로 살게 된 인생'에 감사하며 하루하루를 겸손히 살아가고 있다. 내가 할 수 없는 것은 할 수 없다고 인정하고, 대신 내가 할 수 있는 것은 최선을 다해 기쁘게 하는 것이다.

돌이켜 보면 그땐 학교 공부와 대입 준비, 가족 문제, 운동 등 여러 가지 문제 때문에 나도 모르게 많은 스트레스를 받고 있었던 것 같다. 떨어져 살고 계시는 부모님 사이를 왔다 갔다 하며 중재자 역할을 하는 것이 어느 순간 힘에 부쳤고, 힘들게 일하시는 엄마를 지켜보는 것도 마음이 편치 않았다. 집안의 유일한 남자로서 엄마와 누나, 동생을 지켜야 한다는 부담감이 컸던 것도 사실이다. 그 모든 압박감이 내가 의식하지 못하는 사이에 신체화 증상으로 나타난 것이었다. 몸과 마음은 따로따로가 아니었다. 마음을 지키는 것이 얼마나 중요한지 뼛속 깊이 알게 된, 그야말로 '피가 마르던' 나날들이었다.

병원에서는 내가 앞으로 운동을 할 수 없을지도 모른다고 했다. 학교 펜싱 팀에서도 나의 건강을 염려해 연습에 참여하지 못하게 했다. '내가 좋아하는 운동을 할 수 없다니…….' 눈앞이 캄캄해지는 기분이었다. 그러나 건강은 차츰 회복되었고, 나는 마치 전에 아픈 적이 없던 사람처럼 건강해졌다. 기적이었다. 덕분에 나는 보스턴대학에 들어가서도 펜싱을 계속할 수 있었고, 대학에서도 팀의 주장을 맡는 것은 물론 수많은 대회에 나가 메달을 딸 수 있었다.

나는 그날 이후로 몸이 아픈 것을 절대 감추지 않는다. 몸이 아픈 것을 스스로 인정하지 않고 숨기는 사람이 있다면 이유가 무엇이든 그것은 정말 미련한 일이라고 말해 주고 싶다. 처음에는 아무것도 아닌 작은 병을 자칫 큰 병으로 키울 수 있기 때문이다. 아픈 것은 자랑하라는 말도 있지 않은가.

마음이 아플 때도 몸이 아플 때와 마찬가지다. 누군가에게 마음을 털어놓고 이야기하면 아주 크게 보였던 문제도 막상 내 생각만큼 심각하지 않다는 것을 알게 될 것이다. 마음속 깊은 이야기를 털어놓을 수 있는 사람이 단 한 명만 있어도 그 사람에겐 희망이 있다. 만약 나에게 그 단 한 명이 없다면 내가 먼저 누군가에게 그 단 한 명이 되어 주려고 노력했는지 생각해 보기 바란다. 그리고 나보다 힘든 사람을 향해 진심으로 다가가 손을 뻗으라. 그러면 나도 저절로 그 한 명의 친구, 아니 수많은 친구에 둘러싸인 내 모습을 발견하게 될 것이다.

# 사랑은 언제나
# 오래 참고

나는 지금껏 수많은 여자 친구들을 만났다. 중학교 때부터 지금까지 내 곁에 여자 친구가 없었던 적은 손에 꼽을 정도다. 이쯤 되면 내가 바람둥이라고 생각할지도 모르지만 세상만사와 예술 작품의 모든 근원과 주제는 '사랑'으로 귀결되지 않던가. 나는 수많은 여자 친구를 만나면서 누군가를 이타적으로 사랑한다는 것이 무엇인지, 그것이 얼마나 어려운지를 경험했다. 그리고 한 남자로서, 한 인간으로서 더욱 성숙해졌다. 그들을 통해 다양한 감정을 경험하고 숱한 시행착오를 거쳤기에 지금의 내가 있다고 해도 과언이 아니다. 지금 돌아보면 내 단점을 인내해 주고 나를 이해해 준 그 친구들에게 미안하고 고마운 점이 많다.

내가 여자 친구들을 많이 만났던 데는 이유가 있다. 물론 절대적인 것은 아니지만 한창 예민한 사춘기 시절에 아버지가 곁에 계시지 않았던 것은 내게 큰 상처였다. 왜 내게 이런 일이 일어나야 하는지 혼란스러웠다. 내 마음은 큰 구멍이 뚫린 것처럼 아주 공허했고, 어머니 또한 일하러 다니시느라 바쁘셨기에 나는 나를 사랑해 주는 여자 친구들로 그 구멍을 메우려 했다. 그 구멍은 결코 사람의 사랑만으로는 메울 수 없는 구멍이었지만, 그때는 절실했다.

내가 누나와 여동생 사이에서 자라서 여자들의 심리를 잘 알고 사소한 것도 배려하는 습관이 몸에 밴 탓에 여자들 사이에서 인기가 많은 것도 사실이었다. 같은 수업을 듣는 여자 친구들이 수시로 집에 전화를 걸기도 하고 집으로 무작정 찾아오는 경우도 있었다. 그러면서 자연스럽게 많은 여자 친구를 사귀고 헤어지기를 반복했다.

여자 친구를 사귈 때면 내가 인정받고 있으며, 가치 있는 존재라는 생각이 들었다. 다른 친구들에게도 부러움을 사고 왠지 모르게 어깨에 힘이 들어가기도 했다. 무엇보다도 여자 친구들은 내 고민을 잘 들어주고 이해해 줬다. 중요한 시험을 앞두거나 운동 시합이 있을 때면 서로 카드와 편지를 주고받으며 격려하고 힘을 냈다. 학업 면에서도 서로 끌어당겨 줄 수 있는 긍정적인 시너지도 경험했다. "너는 할 수 있어" "네가 최고야"라는 여자 친구의 격려는 세상에서 가장 큰 힘이 되어 주었다.

사춘기 때 이성 친구들을 만나는 것을 무조건 반대하는 어른들이 종종 있다는 것을 안다. 한국과 미국 모두 마찬가지인 것 같다. 아직 어려서 분별력과 통제력이 부족하기도 하고, 무엇보다 중요한 시기에 학업에 집중해야 한다는 게 그 이유일 것이다. 물론 나도 부모님들의 마음이 이해가 되고 일리가 있는 부분도 있다고 생각한다. 그러나 나는 이성교제는 이타적인 사랑을 배울 수 있는 큰 기회라고 생각한다. 물론 거기에는 최소한의 원칙과 경계선을 지켜야 한다는 전제가 있다. 최소한의 원칙이 지켜지지 않는 무분별한 이성교제는 오히려 해가 되고 큰 상처를 남길 수 있다. 하지만 이성 문제를 직접 겪어 내고 그것을 통해 깨닫는 것이 있다면 그것만은 큰 약이 된다고 생각한다.

어머니에게 감사한 것은 내가 여자 친구를 만날 때 어떤 일이 있어도 어머니가 나를 믿어 주셨다는 것이다. 여자 친구를 만나느라 공부를 제대로 하지 않아도, 밤늦게 집에 들어와도 엄마는 나를 끝까지 믿어 주셨다. 엄마가 나를 믿고 계시다는 것을 생각하면 나는 그 신뢰를 저버릴 수 없었다. 아무래도 미국은 한국에 비해 성적으로 자유로운 분위기인 탓에 엄마는 내게 늘 여자를 조심하라고 말씀하셨고, 어떤 일이 생겨도 엄마에게는 숨기지 말고 말해 달라고 당부하셨다. 사실, 어머니가 그런 말씀을 하실 정도로 나는 어머니의 가슴을 조마조마하게 한 적이 많았다. 어머니는 그때 당신이 할 수 있는 일이 기도와 인내밖에는 없었다고 말씀하신다.

어머니는 내가 아버지에게 받은 상처로 공허해진 마음을 여자 친구로 채우려 했던 사춘기의 방황을 이해하려고 매우 애쓰셨던 것 같다. 내심 걱정을 하시면서도, 내가 어머니께 조금씩 마음속의 이야기를 솔직하게 하기 시작하니 나중에는 적극적으로 내 편이 되어 주셨다. 오히려 백인이건 흑인이건 동양인이건 가리지 말고 사귀어 보라는 충고까지 해주셨을 정도다. 그리고 여자 친구가 생겼다고 말하면 어머니는 집에 친구를 초대해서 손수 음식을 만들어 주시기도 하고, 때로는 나보다 더 가깝게 지낼 만큼 친해지고 연락도 자주 하셨다. 또 우리와 같이 어울리는 친구들을 모두 불러 파티를 할 수 있도록 분위기도 만들어 주셨다.

어머니는 항상 내 의견과 선택을 존중해 주셨기 때문에 나는 어머니 몰래 여자 친구를 사귈 이유가 없었다. 만약 어머니가 나의 이성교제를 무조건 반대하셨다면 나 또한 반항심이 더 생겼을 것이고 여자 친구를 만난다는 사실을 숨겼을 것 같다.

내가 많은 여자 친구들을 만났던 또 다른 이유는 그 속에서 미래의 배우자를 볼 수 있는 눈을 키울 수 있을 것이라고 생각했기 때문이다. 물론 모든 이성교제가 다 결혼으로 이어지는 것은 아니다. 그리고 나도 아직 결혼할 상대를 만나지 않았기 때문에 이런 말을 미리 하는 것이 조심스럽기도 하다. 그러나 나는 모든 여자 친구를 대할 때 장차 내 아내가 될 수 있는 사람이라 생각하고 최대한 배려하고, 최대한 보호해 주려고 노력했다.

이성교제가 항상 즐겁지만은 않았다. 때로는 영적, 육적으로 약해진 상대방의 인격의 밑바닥을 경험할 때도 있다. 나도 물론 내 인격의 밑바닥을 보여 줄 때가 있었다. 그러나 서로를 인내해 주고 수용해 주는 경험을 통해 조금씩 사람에 대한 이해가 깊어졌고 상대방을 배려하는 것이 무엇인지 배울 수 있었다. 그리고 내가 미래의 배우자에 대해 최우선으로 생각하는 조건이 무엇인지, 그리고 그보다 먼저 나는 어떤 사람이 되어야 할지 생각해 보게 되었다.

교만한 사람은 연애도 못한다는 말을 들은 적이 있다. 자기가 너무 잘났다고 생각하면 웬만한 이성은 시시해 보이고 좋은 사람에 대한 분별력도 갖추기 어렵다는 것이다. 내가 많은 여자 친구들을 만났던 것을 합리화하려는 것은 아니지만 일리가 있는 말인 것 같다. 인격적이고 건강한 이성교제를 하다 보면 내 실수와 단점들을 많이 직면하게 되기 때문에, 연애는 상대방이라는 거울을 통해 나의 모습을 객관적으로 바라볼 수 있는 좋은 기회라고 생각한다.

그렇다고 해서 내가 모든 여자 친구들에게 자랑스러운 남자 친구였던 것은 아니다. 인간관계에 대한 경험이나 지혜가 부족했던 시기에는 몇몇 여자 친구들에게 나쁜 남자의 표본을 보여 주기도 했다. 관계를 시작하는 것만큼이나 인격적으로 마무리하는 것도 중요하다는 것을 그때는 잘 몰랐다. 예의를 갖춰 관계를 마무리하는 것에 서툴렀기 때문에 많은 상처를 주고 헤어진 것이다.

중학교 때 사귀었던 '린'이라는 한 친구가 있다. 처음에는 그 친구에 대해 아는 것이 없었지만 11학년이 되었을 때 신기하게도 우리의 수업 시간표는 거의 일치했다. 우리는 같이 수업을 들었고, 한 수업이 끝나면 다음 수업이 있는 교실로 함께 걸어가고 밥도 같이 먹으며 점점 가까워졌다. 밤새도록 전화기를 붙들고 통화하기도 했다. 우리는 거의 새벽 세 시까지 전화를 했다. 학교 수업에 대한 이야기나 일상에서 힘든 일들을 시시콜콜 나누었다. 그러면서 점점 우리에게 많은 공통점이 있다는 것을 깨달았다.

우리는 서로 비슷한 사고방식과 가치관을 갖고 있었다. 나는 펜싱에 푹 빠져 있었고 그 친구는 피겨스케이팅을 아주 열심히 했다. 나에겐 무엇보다 학교생활이 우선순위였고 그녀도 마찬가지였다. 그녀는 아이비리그에 속한 대학교에 들어가고 싶어 했고 나도 그랬다.

사실 그땐 내가 다른 여자 친구에게 차였을 때여서 그 친구의 위로는 큰 힘이 되어 주었다. 내가 어떤 말을 해도 웃어 주고, 다 이해해 주었다. 나는 드디어 진정한 사랑을 찾았다고, 간절히 바라던 이상형을 만났다고 생각했다.

그 친구와 나는 아직 '공식적'으로 사귀는 것은 아니었지만 보통 커플들이 그러는 것처럼 영화도 보고 밥도 먹으면서 데이트를 했다. 학교를 마치고 그 친구네 집에 놀러 가기도 하고 아침에 등교하기 전에 더 일찍 만나기도 했다. 하지만 남들이 우리가 너무 자주 만나고 있다는 것을 눈치 채지 못하도록 학교 근처에 와서는 내가 그 친구보다 한참 앞에서 걸어가곤 했다. 그런데 한편으로는 내 안에 불안한 마음이 생기기 시작했다. 서로 사귀는 관계임을 확실히 하기도

전에 너무 빠르게 관계를 진전시킨 것은 아닌지 걱정이 들었다. 너무나 많은 부분이 일치해서 한편으로 두렵기도 했다.

나는 우리 관계에서 모든 부분을 분석하고 세심하게 살폈다. 그러다 보니 조금씩 그녀의 재미없는 성격이 조금씩 거슬리기 시작했다. 그녀가 입은 스웨터 색깔이 너무 튄다든지 하는 사소한 부분까지도 마음에 들지 않았다. 나는 점점 그녀를 더 이상 좋아할 수 없는 이유를 생각해 내기 시작했다. 그러다 보니 그녀가 별로 예쁘지 않다는 생각이 들었다. 그래서 특별한 이유 없이 학교에서 그녀를 못 본 척하기 시작했고, 어느 순간부터는 내 옆에 그녀가 있는 것이 귀찮고 싫어서 짜증을 내기도 했다. 사랑의 열병이 변해서 화가 된 것이다.

이런 내 마음의 변화에 제일 당황스러웠던 것은 바로 나다. 어찌해야 할 바를 몰랐다는 표현이 제일 적절할 것이다. 나는 복잡한 내 마음속에서 그녀를 밀어냈다. '린'은 갑자기 변한 내 태도에 큰 상처를 받고 내 곁을 떠났다.

나는 감정과 본능에 충실하여 애매한 친밀감을 즐기기 이전에 내가 이 관계를 통해 무엇을 추구하는지를 충분히 생각했어야 했다. 관계를 시작할 때만큼이나 마무리할 때도 상대를 우선적으로 배려하며 최소한의 예의를 갖춰야 한다는 것을 그때는 알지 못했다.

이런 경험을 계기로 나는 좋은 관계를 맺는 방법과 마무리하는 방법에 대해 깊이 생각해 보게 됐다. 새로운 여자 친구를 사귀기 전까지는 친구로서 우정을 쌓는 과정이 반드시 필요하다는 것도 깨달았다. 누나가 그랬던 것처럼 친한 친구 여러 명이 함께 어울리면서 그 속에서 이성 친구를 만나는 것도 좋은 방법이라고 생각했다.

그 이후로 나는 새로운 관계를 시작할 때 항상 "내 여자 친구가 되어 줄래?"라고 먼저 묻는다. 우리가 사귀는 관계라는 것을 분명히 하는 것이다. 그러면 서로에 대해 조금 더 책임감 있게 행동하게 되고 주위 사람들에게도 당당하게 말할 수 있었다.

어머니가 내게 늘 당부하셨던 것은 앞서도 말했듯이, 지켜야 할 선은 반드시 지키라는 것이었다. 하지만 혼전 성관계가 보편화되어 있는 문화 속에서 그 '선'을 지키기란 절대 쉽지 않았다. 매일매일 나 자신과 치열한 싸움을 해야 했다. 가장 뜨거운 피를 갖고 있는 십대 시절, 자연스럽게 스킨십을 하게 되고 인간의 욕망은 끝이 없기 때문이다.

이성 친구의 몸을 지켜 주는 것은 상대방을 존중하는 것일 뿐만 아니라 내 자신, 그리고 내 미래의 배우자를 위한 최고의 선물이라는 것을 나는 확신한다. 혼전 순결을 지키는 것은 시대의 흐름을 역행하는 바보 같은 행동이 아니라, 장차 누군가의 배우자로서 책임 있는 선택을 지속적으로 해나가야 할 상대방과 나를 위한 현명한 선택이다. 그래서 나는 목숨을 걸고서라도 순결은 지켜야 할 가치가 있다고 생각한다. 고리타분한 생각을 갖고 있다고 생각할지 모르겠다. 하지만 그것은 한없이 연약한 나 자신을 스스로 아끼고 사랑하는 방법이기도 하다.

# 운동은 내 인생의 버팀목

내가 외교관을 꿈꾸지 않았다면 아마 나는 지금쯤 펜싱 선수가 되었을 것이다. 어렸을 때부터 다양하게 운동을 했지만 고등학교 때 펜싱이라는 운동을 접하면서 나는 그 매력에 푹 빠져 들었다.

중학교 때 나는 이미 교내 단거리 100미터, 200미터 육상 선수였다. 당시만 해도 내게 운동이란 뜨거운 땡볕 아래서 전력을 다해 질주하는 것이었다. 그러던 중 친하게 지내던 교회 형이 펜싱 시합에 나가서 교회 친구들과 함께 응원하러 갔던 적이 있다. 그때 형이 쓰고 있던 마스크, 기다랗고 날카로워 보이는 칼, 방패 같은 보호 장비가 그렇게 멋있어 보일 수가 없었다. 게다가 칼이 부딪치면서 내는 소리도 신기하고 즐거웠다. 그 순간 나는 내가 중세 시대의 기사가 되는 장면을 꿈꿨던 것 같다. 마치 영화 〈삼총사〉 속에서 보던 칼싸움을 내 눈앞에서 보는 것 같았다.

이렇게 펜싱을 처음 접하고부터는 고등학교에 들어가면 반드시 펜싱 클럽에 들어야겠다고 마음먹었다. 그런데 막상 고등학교에 올라가 펜싱을 시작하려고 하니 장비를 구입하는 것부터 시작해서 운동하는 데 드는 비용이 만만치 않았다. 어머니가 새벽부터 밤늦도록 쓰러질 때까지 힘들게 일하시는 모습을 곁에서 지켜봤기에 내가 하고 싶다고 해서 무조건 어머니를 조를 수도 없는 노릇이었다. 내심 아쉬워하며 마음을 접고 있었는데 하루는 어머니께서 먼저 내게 물으셨다.

"성찬아, 너 스포츠클럽 가입 안 하니? 고등학교 들어가면 하고 싶은 거 많다고 했잖아."

"엄마, 사실 펜싱 클럽에서 활동하고 싶은데 가입비부터가 너무 비싸더라고요. 사야 하는 펜싱 장비도 한두 가지가 아니에요. 엄마가 고생하시는 거 뻔히 알면서 말씀드리기가……."

"아니, 정말 그랬단 말이야? 성찬아, 너는 키도 크고 체격도 좋아서 펜싱을 하면 정말 잘 어울릴 것 같아. 돈에 대해서는 걱정하지 마. 엄마는 네가 하고 싶은 거라면 다 하게 해주고 싶어. 운동을 하려면 당연히 장비를 갖추어야지. 네가 펜싱하는 모습을 상상만 해도 정말 멋있는데?"

어머니는 내 걱정이 무색하리만큼 적극적으로 지원해 주셨다. 내가 학업과 운동에 열심히 매진할 수 있었던 것은 어머니의 아낌없는 후원이 있었기 때문이다. 당시에는 다행히 어머니의 사업이 어느 정도 잘되고 있어서 형편이 아주 어렵지는 않았다. 나는 어머니의 기대를 저버리지 않고 싶었고 전폭적으로 지원해 주시는 만큼 기쁨을 안겨 드리고 싶었다.

내가 운동과 악기를 마음껏 배울 수 있었던 것은 우리 집에 돈이 많아서가 아니라, 아버지가 안 계신 가운데서 내가 위축되지 않도록 어머니가 세심하게 살피고 적극적으로 배려해 주셨기 때문이다. 내가 불필요하거나 사치하는 데 돈을 쓰는 것은 허락하지 않으셨지만 내가 하고 싶어 하는 운동이나 동아리 활동, 나를 발전시킬 수 있는 일에는 전혀 돈을 아끼지 않으셨다.

이렇게 해서 시작한 펜싱에 나는 점점 흥미를 느꼈고 하면 할수록 잘하고 싶었다. 집에 와서도 손에서 펜싱 칼을 놓지 않았고 인터넷에서 각종 펜싱 대회 동영상을 찾아 연구하기 시작했다. 펜싱의 매력에 푹 빠져들게 된 것이다.

펜싱은 기초 체력을 다지는 데도 좋을 뿐 아니라 머리를 많이 써야 하는 두뇌 운동이기도 하다. 상대방의 움직임을 미리 읽고 계산해 고도의 전략을 세워야 하기 때문이다. 또 조금만 방심해도 허를 찔리기 때문에 고도의 집중력을 요한다. 한 번 연습을 시작하면 보통 몇 시간씩 구슬땀을 흘렸지만 나는 지칠 줄 몰랐다.

이런 펜싱의 즐거움을 느낀 덕분에 나는 교내와 교외의 각종 펜싱 대회에서 여러 차례 금메달과 은메달을 수상했다. 물론 늘 좋은 성적만 거둔 것은 아니다. 출전에 의의를 둔 경기도 많았다. 2004년 노스아메리칸 컵에서는 137명 중에 102등을, 2005년도 주니어 올림픽에서는 224명 중에 145등을 했다. 하지만 내게 등수는 중요하지 않았다. 점점 더 큰 규모의 시합에 참가하면서 펜싱이라는 스포츠의 매력에 흠뻑 빠져 사는 것 자체가 내게는 큰 즐거움이었다. 당시 우리 고등학교의 펜싱 감독이었던 프라이먼 코치는 내게 개인적인 애정과 조언을 아끼지 않으셨고 따로 개인 트레이닝을 해주시기도 했다. 선수의 자질이 있다며, 2012년 런던 올림픽 대회를 목표로 정식 훈련을 받아 보지 않겠냐고 제안하실 정도였다.

나는 대학교에 들어가서도 펜싱을 그만두지 않았다. 보스턴대학교 남자 펜싱 팀에서 운동을 계속하며 주장까지 맡게 됐다. 보스턴대학교 최초의 한국계 주장이었다.

나는 우리 팀을 이끌고 뉴잉글랜드 대학생 챔피언십에 나가 은메달을 따고 전미대학경기협회(NCAA) 펜싱 1팀의 주장을 맡아 2009년 동북 지역 챔피언십에서 결승에 오르기도 했다.

대학을 졸업하고 나서는 예전만큼 펜싱을 할 기회와 여건이 되지 않아서 아쉽지만 펜싱은 여전히 내 가슴을 설레게 하는 운동이다.

내가 이렇게 운동에 빠졌던 것은 운동이 주는 즐거움과 유익 때문이었다. 운동을 하는 시간만큼은 아무 생각 없이 운동에만 집중할 수 있어서 좋았다. 운동은 나의 육체적 건강을 유지시켜 줬을 뿐 아니라 정신적으로도 강하게 나를 붙들어 준 중요한 버팀목이다. 어려운 수업으로 머리가 아프거나 친구 관계로 힘들 때 운동을 하면서 어지러운 생각을 정리했고 땀을 흘리면서 스트레스를 풀었다. 정신적, 감정적인 노폐물이 쌓였을 때 배설을 해서 내 몸과 마음을 항상 균형 있게 만들었다고나 할까. 나는 운동의 효과를 톡톡히 보았다.

특히 시험이나 글쓰기 등으로 스트레스를 받을 때마다 달리기나 펜싱을 하면 무슨 이유에서인지 마음이 안정되었다. 걱정도 사라졌다. 시험이나 교과서의 압박에서 벗어나 자유를 얻는 것 같았다. 그뿐 아니라 여자 친구와 싸웠을 때나 도저히 내 힘으로는 해결할 수 없는 부모님 문제도 모두 잊을 수 있었다.

운동을 한다고 학업을 소홀히 한 것은 아니다. 운동으로 스트레스를 풀고 나면 머리와 마음이 한결 가벼워져서 학업에도 더욱 집중할 수 있었다. 밤새도록 공부해도 지치지 않을 만큼의 에너지가 충전되어 있는 것을 느낄 수 있었다. 교내 운동 동아리에서 규칙적으로 연습 시간이 짜여 있었기 때문에 나는 그 스케줄에 맞춰 공부 스케줄을 짰다. 매일 정해진 운동 연습 시간 덕분에 오히려 일분일초도 낭비하지 않고 모든 시간을 운동과 공부에 투자하고 생산적으로 보낼 수 있었던 것이다.

고등학교 2학년 때부터는 운동도 잘하면서 공부도 잘하고 싶은 욕심이 생겼다. 펜싱이 너무 좋았고 정식 선수가 되어 보지 않겠느냐는 제안을 받기도 했지만 좋은 대학에 들어가고 싶은 마음도 커서 운동할 때는 최선을 다해 하고, 또 공부할 때는 매진하기로 했다. 그래서 나는 운동과 공부에서 실천 가능한 목표를 세우기 시작했다. 욕심이 앞서 무리한 목표를 세우고 스스로에게 실망하는 바보 같은 짓은 더 이상 하고 싶지 않았다.

나는 실천 가능한 목표를 날마다 세우고 그것을 꼭 지키려고 노력했다. 운동을 하다 지치면 마냥 쉬고 싶기도 했고, 스스로 타협하고 싶어질 때도 많았다. 그러나 나는 나 자신과의 약속을 지키고 싶었다. 그렇게 조금씩 노력하니 어느덧 운동과 공부, 두 마리 토끼를 모두 잡을 수 있었다. 운동을 하면 시간상으로나 체력상으로나 공부에 방해가 된다고 생각할지 모르지만, 나는 오히려 이 두 가지가 상승작용을 이끌어 내는 것을 몸소 경험했다.

운동은 내게 강인한 정신력도 선물해 주었다. 그래서 어려운 일이 올 때마다 그것을 회피하거나 그 일로부터 숨지 않았고 오히려 내가 성장하고 성숙해지는 디딤돌로 삼았다. 시합에서 상을 얻든지 못 얻든지 그것은 중요하지 않았다. 나는 최선을 다해 땀을 흘리고 정정당당하게 경쟁한 나 자신이 자랑스러웠고, 운동을 통해 건강한 자존감을 가질 수 있었다.

운동함으로써 또 내가 얻은 큰 소득은 바로 펜싱 클럽과 육상 팀에서 만난 소중한 친구들이다. 팀을 이뤄 경기하는 스포츠를 경험해 본 사람들은 승리의 비결을 잘 알고 있을 것이다. 바로 팀워이다. 모두의 힘을 합하고 서로의 부족함을 격려하면서 '우리는 하나'라는 생각으로 팀의 우승을 위해 전력할 때 비로소 이길 수 있는 것이다. 비록 우승이라는 결과를 얻지 못해도, 경기를 위해 마음을 하나로 모으다 보면 친구들과의 우정도 깊어졌다. 다른 사람들과 함께 심장이 뛰는 경험을 한다는 것, 그것이 팀 스포츠의 매력이 아닐까?

펜싱 팀에서 함께했던 친구들과는 지금까지도 연락하고 지내는데, 모두 각자의 자리에서 자신의 꿈을 향해 열심히 나아가고 있다. 나는 가끔 힘들 때 그 친구들에게 전화를 걸어 안부를 묻고, 옛날 이야기를 나눈다. 함께 훈련했던 때의 이야기를 나누다 보면 배가 아플 때까지 웃을 때도 있고, 그때의 열정이 생각나 때론 눈물이 나기도 한다. 서로의 가는 길을 격려하고 축복해 주는 친구들, 어디선가 나를 진심으로 응원하고 있는 누군가가 있다는 사실에 힘이 난다.

나와 공통의 관심사를 가진 친구들 사이에 있으면 강한 소속감과 연대감을 느낄 수 있다. 그들이 나를 좋아하고 나를 지지하고 있다는 생각에 마음도 든든했다. 힘든 시간을 함께한 친구들은 마치 가족 같았다. 서로를 지지해 줌으로써 각자가 자기 역할을 더 잘할 수 있었다.

이렇게 운동은 때때로 나의 한계를 경험하게 했기에 힘들기도 했지만, 내 인생의 쉼이자 원동력이 되어 주었다.

　한국은 미국과는 조금 다른 것 같다. 초등학교 시절까지는 아이들은 태권도 같은 운동을 많이 하지만 중·고등학교에 들어가면 학업에 열중하느라 운동을 그만두는 경우가 많다. 남자아이들은 운동장에서 축구를 하거나 농구를 하기도 하지만 여자아이들은 운동할 기회가 특히 부족한 것 같다. 그러나 운동은 '필요'가 아닌 '필수'라고 생각한다.

　내가 경험한 바로는 운동과 학업은 상충하기보다 상승 작용을 일으키는 부분이 더 크다. 내가 고등학교 3학년 때, 위궤양으로 거의 죽을 뻔한 위기에서 극적으로 살아날 수 있었던 것도 그동안 운동으로 끊임없이 체력을 단련시켰기 때문이다.

　운동은 예방주사와 비슷하다고 생각한다. 주사를 맞고 나면 잠깐은 힘들 수 있고 또 때마다 규칙적으로 맞아야 하기에 번거로운 것도 사실이다. 이와 마찬가지로 운동을 하고 나면 힘들 때도 있고 끊임없이 규칙적으로 해야 효과가 있는 것도 사실이지만, 그렇다고 안할 수 없다. 어렸을 때 필요한 주사를 맞아 놓아야 하는 것처럼 체력은 어렸을 때 다져 놓아야 한다고 생각한다. 그리고 평소에 체력을 키워 놓지 않으면 나중에 큰 병에 걸렸을 때 더 큰 어려움을 겪을 수 있다. 체력이 밑바탕이 되어야 내가 하고 싶은 일들도 열심히 힘을 내어 할 수 있다.

　한국의 청소년들이 지속적으로 운동에 관심을 갖고 자신이 원하

는 운동을 경험해 볼 수 있도록 사회적인 분위기가 조성되고, 학교
적, 국가적 차원에서 인프라가 갖추어진다면 대한민국의 미래는 한
층 더 건강해질 거라고 확신한다.

# Part 3

# 한국인?
# 미국인?
# 세계인!

# 25억 장학금을
# 받은 삼남매

---

　나와 은혜 누나, 그리고 여동생 은희가 지금까지 받은 장학금 금액을 모두 합하면 약 25억 원은 될 것이다. 은혜 누나와 나는 보스턴대학교, 막내 은희는 하버드대학교를 다니면서 우리는 4년 내내 전액 장학금을 받았다. 특히 은희는 빌게이츠 재단에서 주는 100만 불 장학금을 받아서 총 10년간 학비를 지원받게 되었다.

　지금까지 내가 받은 장학금을 모두 합하면 40만 불 정도 된다. 보스턴대학교에서 4년 전액 장학생으로 장학금을 받았고, 국제정치 예비생들을 선발하는 IIPP 펠로우십 프로그램에 뽑혀 대학 2학년 때부터 6년간 모든 리더십 프로그램, 교환학생 프로그램, 외국어(나의 경우는 아랍어) 강의료, 비행기 표, 기숙사비 등을 전액 지원 받고 있다.

세어 보니 총 다섯 군데에서 장학금을 받았다.

어머니가 우리 삼남매의 학비를 모두 충당할 수 없다는 것을 알았기에 우리는 각자 알아서 학비를 지원받고자 장학금 공고나 기회를 샅샅이 살피고 그 기회를 얻기 위해 적극적으로 지원했다.

장학금을 주는 기준은 기관이나 재단에 따라 다양한데, 경제적으로 어려운 학생을 지원하는 경우도 있고 학업 성과뿐 아니라 리더십 경험이나 다양한 교내외 활동을 종합적으로 판단하여 그 재단의 취지와 목적에 맞게 주는 경우도 있다. 나는 대학교 때 교내 펜싱 팀 활동, 주지사 사무실 인턴, 보스턴 시장후보 선거운동, 공립고등학교 학생들을 위한 멘토링 활동, 자원봉사 활동 등을 했는데 이런 것이 유리하게 작용했던 것 같다.

물론 장학금을 받기 위해서나 오직 스펙을 쌓기 위한 목적으로 이런 활동을 한 것은 아니다. 내게 주어진 한 번뿐인 대학 생활을 보람되게 보내고 싶었다. 돌이킬 수 없는 금처럼 귀한 시간을 한 순간도 헛되이 보내고 싶지 않았다. 다양한 곳에서 인턴이나 사회생활을 경험하면서 졸업 후 진로에 대해서도 시야가 넓어지기도 했다. 그리고 내가 중·고등학교 때 주위 사람들로부터 많은 관심과 사랑을 받은 것처럼 나의 봉사와 섬김이 필요한 이들에게 나의 도움을 흘려보내고 싶어서 멘토링이나 자원봉사 활동을 꾸준히 해왔다.

물론 전인격적으로 학생을 평가하는 미국의 환경과 한국의 실정이 많이 다르다는 것을 알고 있다. 하지만 한국도 대학교에서 학생들을 선발하는 기준이 점점 다양해지고 있다고 들었다. 내신이나 수능시험 점수 하나만이 아니라 어떤 경험을 했는지, 어떤 재능을 갖추었는지, 살면서 닥쳤던 어려움을 어떻게 극복했는지 등을 종합적으로 판단하여 학생을 뽑는 것이다. 또한 꼭 장학금의 형태가 아니더라도 인재들을 선발해서 다양한 경험의 기회를 주는 프로그램이나 기관이 있다는 것을 알고 있기에, 구체적인 학습법이나 시험을 잘 보는 방법 같은 내용보다는 공부를 대하는 마음가짐과 태도, 공부에 흥미를 갖는 법, 인간관계나 사회성을 넓히는 법 등에 대해서 말하고 싶다.

공부를 하면서 중요한 것은 시험 자체에서 성적을 잘 받아야 한다기보다 공부를 통해서 하나라도 깨닫고 내가 활용할 수 있는 산 지식을 몸소 터득하는 것이라고 생각한다. 여러 가지 과목은 서로 유기적으로 연결되어 있다. 한 과목에서 배운 것이 다른 과목에서도 도움이 되는 것을 한 번 느끼면 그 깨달음이 굉장한 희열로 다가온다.

내가 그것을 느낀 과목은 문학 수업이었다. 사실 내가 이 수업을 접하기 전까지는 독서에 큰 흥미가 없었다. 어릴 때 놀이터에 다니듯이 도서관에 다니면서 책을 많이 읽기는 했지만 중·고등학교에서는 다른 클럽 활동을 많이 했기에 특별히 독서를 즐기진 않았다. 정확히 말하면 나는 사람들이 왜 책을 자발적으로 읽는지 이해하지 못했다. 선생님이 숙제로 내준 책이 아니라면 읽지 않았다. 어릴 때도 재미있는 책이 아니라면 읽지 않은 내가 아니던가. 그런데 그랬던 나를 바꿔 준 책이 있었다.

문학 수업의 필독서, 바로 토머스 C. 포스터가 쓴《교수처럼 문학 작품 읽기 How to Read Literature Like a Professor》라는 책이었다. 이 책은 책 읽기의 진정한 즐거움에 대해 알려 주었다. 이 책을 읽으면서 깨달은 것은, 어떤 책이든 특히 문학 작품은 저자와 대화하듯이 읽어야 하며, 그 안에 담긴 각종 요소의 의미를 깨달을 때 훨씬 재미있다는 것이다.

예를 들어 문학 작품에 자주 등장하는 비, 눈, 지형 등의 요소들이 그 주제와 전체 그림에 어떤 영향을 주는지 잘 몰랐다. 그런데 '비'가 정화나 씻음에 대한 의미를 포함하고 있다는 것을 알고 나서는 책을 읽을 때 조금 더 몰입하게 됐고, 작품의 주제와도 연결시켜 보면서 읽을 수 있었다.

또한 역설, 암시, 상징 등과 같은 기법을 배우면서 새로운 안경을 쓰고 작품을 읽는 경험을 했다. 역설이라는 기법이 중요하다는 것은 알았지만 포스터의 이 책을 읽으면서는 역설이 다른 어떤 기법보다 뛰어난 효과를 주는 것을 깨달았다. 그리고 여기서 배운 것들을 글 쓰기 과목에 적용해 보기 시작했다. 글 쓰는 방법이나 기술이 항상 부족하다고 생각했는데 여러 과목에서 배운 것들을 종합적으로 활용해 보니 글쓰기에도 자신감이 붙었다.

공부란 결코 하나의 지식이나 정보를 습득하는 데서 끝나는 것이 아니다. 그것을 내가 활용할 줄 알아야 진정한 공부라고 생각한다. 어떤 배움이나 지식도 내 것으로 소화하지 못하면 결국 그것은 아무 데도 소용없는 헛된 공부 아닐까?

외국어를 공부하는 데는 특별한 왕도가 없는 것 같다. 한국에 잠시 머무르면서 중·고등학교 학생들에게 영어 과외를 한 적이 있다. 나는 영어가 모국어라서 영어를 제 2외국어로 배우는 것이 어떤 고통일지 잘 실감하지는 못했지만, 나도 스페인어, 아랍어, 히브리어, 터키어 등을 배우면서 외국어를 터득하는 것이 얼마나 힘든지 느껴 보았다. 특히 아랍어를 배우는 과정은 아주 고달프고 괴로웠다.

새로운 언어를 배우기 위해서는 자존심을 내려놔야 한다. 실수할 수 있다는 것을 인정해야 한다. 아니, 적극적으로 실수해 봐야 하고, 바보처럼 보여도 계속 도전해야 실력을 늘릴 수 있다는 것을 알아야 한다.

처음에는 아랍어를 자유롭게 말하지 못하는 내 자신이 완전히 바보가 된 것 같은 기분이었다. 하지만 그 시간을 버티게 해준 것은 나중에 중동에서 일하고 싶다는 내 꿈이었다. 실제로 팔레스타인과 터키에서 인턴십 경험을 하는 데 아랍어가 요긴한 도움이 되었다.

외국어를 배울 때 내가 왜 이 언어를 배우는지 끊임없이 생각해 보고 미래에 내가 그 언어를 어떻게 사용하고 있을지 머릿속에 그려 봐야 한다. 계속 공부하고 싶은 마음이 들어야만 중도에 포기하지 않고 지치지 않기 때문이다. 또한 '언어'는 전혀 다른 문화를 가진 사람들의 마음을 열어 주는 중요한 외교의 열쇠가 될 수 있다는 사실을 깨달은 뒤로는 사명감을 가지고 열심히 공부했다.

공부에 대한 태도로 또 한 가지 꼽고 싶은 것은 지나치게 점수에 예민하고 불안한 마음을 버려야 한다는 것이다. 보통 학생들이 공부를 열심히 하려고 결심한 다음에 빠지기 쉬운 함정 중에 하나는 점수 자체에 지나치게 연연하고 걱정하는 것이다.

물론 대입을 앞둔 수험생들이 이런 마음을 갖는 것은 어찌 보면 당연하다. 대학 입시로 모든 부모와 학생들이 마음고생하고 힘들어하는 것은 한국이나 미국이나 별반 다르지 않은 것 같다. 사실 나는 학창 시절, 공부할 땐 열심히 공부했지만 노는 것 또한 누구보다도 좋아했던 학생이다. 1등을 한 적도 없고 어머니도 1등을 요구한 적이 없다. 그랬는데도 모든 것이 대입과 직결되는 12학년(고 3)이 되자 성적에 연연하지 않을 수가 없었고 몹시 힘들었다.

태평하게 마음을 놓고 공부하지 말라는 말이 아니다. 조급한 마음을 조금만 내려놓고 내가 할 수 있는 한 최선을 다하되, 그 결과에 대해서는 집착하지 않았으면 한다. 불안한 마음은 상황을 나아지게 하지 못하고 오히려 방해만 된다는 것을 깨달은 경험이 있다.

나는 고 3이 되어 1점에 목숨을 걸고 조금이라도 점수를 더 올려야 한다고 생각해 치열하게 나 자신과 싸웠다. 한 번은 역사 수업의

맹그럼 선생님이 내준 숙제에서 93점을 받은 적이 있다. 96점은 충분히 받을 거라고 자신했는데 3점이나 낮게 받은 것이다. 나는 너무 억울해서 선생님께 내 점수가 이럴 리가 없다고, 점수를 더 달라고 말씀드렸다. 선생님은 내 숙제를 다시 살펴보시고는 그러겠다고 하셨다. 하지만 결국은 점수를 바꿔 주지 않으셨다.

사실 이 숙제는 그 과목의 최종 성적에 크게 반영되는 점수가 아니었다. 만약 여기에서 0점을 받았다고 해도 성적에 전혀 영향을 미치지 않았을 정도였다. 그럼에도 나는 그 3점을 반드시 받아 내고 싶은 마음이 너무 강했다.

그런데 고 3이 된 지 몇 개월 지났을 때, SAT와 대입에 지나치게 극심한 스트레스를 받고 있는 내 모습을 바라보며 내가 왜 이렇게 스트레스를 받아야 할까 자문해 봤다. 내가 할 수 있는 부분은 최선을 다하고, 그 뒤의 결과는 하늘에 맡길 수밖에 없다는 생각을 하게 됐다. 내가 걱정한다고 바뀔 것은 아무것도 없다. 최선을 다하고 나면 그 다음은 내 손을 떠난 일이라는 결론을 내리고 나머지는 하나님께 맡겼다.

점수에 연연하지 않기로 마음먹은 이후에 에세이 시험이 있었는데 내가 기대한 것보다 조금 낮은 점수가 나왔다. 하지만 내 마음은 예전과 조금 달라져 있었다. 내 삶에서 1~2점은 그렇게 중요한 것이 아님을 깨달았기 때문에 점수에 목숨 걸던 족쇄에서 풀려난 것 같았다.

조금 실망스러운 점수를 받았더라도 그것을 인정하고 이것을 통해서 배울 것은 배우고 앞으로 나아가는 데 집중하자고 마음먹는 것이 내게 훨씬 도움이 된다는 것을 알아야 한다. 하찮은 1~2점 때문에 감정을 낭비하기에는 시간이 아깝지 않은가.

이런 태도로 공부하면서 나는 내가 얻은 결과를 겸허히 받아들일 수 있었다. 요즘 많은 친구들이 성적을 비관하여 삶을 포기한다는 안타까운 이야기를 신문이나 뉴스를 통해 많이 접한다. 성적이 인생의 전부가 아니다. 성적 외에도 나를 평가해 주는 것은 너무나 많다. 내가 쓰임 받을 곳은 무궁무진하다. 학교 성적이 좋지 않다고 해도 당신은 정말 귀하고 소중한 존재임을 기억했으면 좋겠다. 그리고 자신만의 고유한 경험과 깨달음을 부각시키고 살린다면, 그것이 충분히 경쟁력이 있다는 것을 명심하길 바란다.

# 공부보다 중요한
# 인간관계

공부를 하는 데 내가 가장 중요하다고 꼽는 것은 바로 인간관계와 사회성이다. IIPP 프로그램 중 하나로 3학년 여름에 메릴랜드대학교에서 두 달 간 집중적으로 '정책 연구 과정'을 수강했는데 이곳에서 그것을 더욱 절실히 느꼈다.

워싱턴DC와 불과 20분 거리에 있는 메릴랜드대학교는 미국 정부나 정부 관련 기관들과 연계가 깊은 명문 주립대인데, 정책 연구 과정은 대학원생들이 듣는 수준으로 진행되는 코스였다. 국제 관계 문제, 시민 갈등 문제, 세계화와 발전, 무역 정책, 리더십, 경제학, 통계학 등 심도 있는 수업을 들었다. 그런데 이런 수업에서는 나 혼자서 해야 하는 과제보다 팀별로 연구해서 제출해야 하는 과제가 많았다.

내가 만약 고등학교 때부터 혼자서 고시공부를 하듯 머리를 싸매고 책만 파고드는 공부 습관을 가졌다면 팀별 과제를 어떻게 해야 하는지 감이 잡히지 않았을 것이다. 앞에서도 말했듯이, 친구들과 모여 함께 공부했던 경험이 있었기에 그런 과제를 잘 해낼 수 있었을 뿐 아니라 재미를 느끼며 했다.

팀별 과제를 할 때는 같은 팀 친구들과 주제를 정하는 일부터 역할을 분담하고 각자 연구할 파트를 정하는 일까지 의견을 주고받으며 합의하는 과정이 매우 중요하다. 그렇게 각자 파트를 정해서 연구를 했으면 모여서 내용을 발표하고 팀원들이 돌아가며 검토하고 점검해 주어야 한다. 개선해야 할 부분은 지적해 주고 향상시킬 수 있는 방법을 제시해 주는 것도 필요하다. 이럴 때 자기의 생각을 논리적으로 펼 줄도 알아야 하고 때로는 자기주장을 양보할 줄도 알아야 한다.

몇 명의 친구들과 함께 그룹으로 공부하고 발표하는 수업도 있었다. 읽어야 할 자료의 양이 굉장히 많았는데, 많은 자료를 단시간에 읽고 소화하기란 물리적으로 매우 어렵기 때문에 각자 읽을 부분을 정했다. 자기가 읽기로 한 자료는 확실하게 이해하고 그룹 친구들에게 설명해 주어야 했다. 그러면서 시간을 잘 안배하고 효과적으로 사용하는 방법도 배웠다.

우리가 학생이라는 좁은 틀에서 벗어나 사회인으로 준비되고, 각자 위치에서 현명한 결정을 내리고 가치 있는 일을 하는 것이 공부의, 그리고 교육의 궁극적인 목표라고 생각한다.

고등학교 때 함께 공부했던 친구들은 공부만을 목적으로 만난 것이 아니었고 함께 어울려 파티도 하고 운동도 하는 친구들이었다. 만약 내가 어릴 때부터 오직 나만 잘하면 된다고 생각하고 친구들과 어울려 노는 것이 공부에 방해된다고 생각했다면 힘을 모아 공동으로 해야 하는 과제를 수월하게 해내기 어려웠을 것이다. 이 사회는 결코 혼자서 살 수 있는 세상이 아니다.

요즘은 대학교나 기업에서 인재를 선발할 때 면접에서 꼭 묻는 것이 자신의 강점과 약점, 자신에게만 있는 고난, 그리고 그것을 극복하는 방법이라고 한다. 그런 만큼 자기 자신에 대해 객관적으로 잘 파악하고 그것을 다른 사람에게도 잘 말할 줄 아는 연습이 되어 있어야 한다.

우리 삼남매가 열심히 공부하게 된 데는 확실한 동기가 있었다. 고생하시며 집안 경제를 책임지던 어머니를 보면서 어머니의 헌신에 보답하고 싶은 마음이 저절로 들었던 것이다. 내 인생에서 지금의 나를 있게 한 가장 중요한 요인을 손꼽으라면 가정의 고난이라고 답하겠다. 나를 가장 힘들게 했던 것도 가정의 고난이지만 그 시간이 내게 없었다면 내가 이만큼 열심히 살지도 않았을 테고, 삶에 대한 성숙한 태도를 배우지도 못했을 거라 생각한다.

어느 누구나 살아오면서 힘든 일 한두 가지는 겪었을 것이다. 때로는 그런 일이 왜 내게 닥치는지 도저히 알 수 없고 억울하고 분하다고 생각할 수 있다. 하지만 조금만 다르게 보면 그것은 나에게만 있는 고유한 경험이기 때문에 나의 특별한 훈장이 되기도 한다.

《청춘아, 가슴 뛰는 일을 찾아라》라는 책을 쓴 김해영 국제사회복지사의 이야기를 들은 적이 있다. 그분은 태어난 지 얼마 되지 않아 술을 드신 아버지가 자신을 벽에 던져서 척추에 손상을 입었다고 한다. 그래서 키가 130센티미터가 겨우 넘는다. 어머니도 자신을 매우 학대하셨다고 한다. 그 이후로도 식모살이에 편물 일을 하면서 비참하다고 느낄 수밖에 없는 삶을 살았다. 삶을 포기할 이유가 수없이 많았지만 오늘 하루만 살자는 생각으로 삶을 이어갔다.

그렇게 하루하루를 성실히 살던 그녀는 마침내 미국 컬럼비아대학교 사회복지대학원에서 석사 학위를 받았다. 그뿐 아니라 아프리카의 '보츠와나'라는 나라에서 직업학교 편물 교사로 활동하며 그곳 사람들에게 희망을 주고 구체적으로 그들의 생활을 도왔다. 그녀야말로 자신의 약점을 강점으로 바꾼 대표적인 예라고 생각한다. 작은 키, 척추 장애, 부모님의 학대 등을 자기에게만 있는 특별함으로 삼은 것이다.


존 F. 케네디가 "노력과 용기만 가지고는 불충분하다. 목적과 방향이 있어야 한다"라고 말했듯 공부든 운동이든 교우관계에서든 우리가 삶을 충실하게 그리고 생산적으로 살아가려면 동기부여가 있어야 하고 목적과 이유가 있어야 한다.

우리 삼남매에게는 공부 자체, 장학금 자체가 목적이 아니었다. 공부하는 이유가 분명하게 있었다. 내게 주어진 기회를 통해서 우리의 도움이 가장 필요한 곳에 우리가 받은 것을 베풀기 위해서였다.

부모님으로부터 물려받은 신앙을 통해 우리는 공부를 하든지 어떤 일을 하든지 하나님께서 원하시는 일인지, 하나님이 기뻐하시는 일인지 기도하면서 나아갔다. 내 생각과 내 뜻대로 일이 풀리지 않더라도 반드시 하늘의 섭리가 있을 것을 믿었다. 그렇게 믿고 살면서 축복을 받았기에 내 힘과 내 능력으로 이룬 것이 아님을 쉽게 인정할 수 있었다.

따라서 우리는 겸손해질 수밖에 없었고 하나님이 우리를 통해 하실 일이 있기 때문에 우리를 훈련시키고 계시다고 생각했다. 그리고 지금도 하나님이 일하고 계심을 믿는다.

# 껍질을 깨고
# 나오다

IIPP 펠로우십 프로그램의 일환으로 나는 대학교 3학년 때 세계 어느 나라든지 원하는 곳을 선택해 한 학기 동안 교환학생으로 다녀올 수 있는 기회를 얻었다. 나는 한국과 스페인 중 어느 나라로 갈지 고민하다가 한국을 선택했다. 외교관이 되려면 내 뿌리에 대해 더 깊이 알아야겠다는 생각이었다. '한국에서 경험하는 대학 생활은 어떤 것일까? 내 또래의 한국 친구들은 어떤 생각을 하며 이 세상을 살아가고 있을까?'

나는 장차 한국에서 보내게 될 6개월이 내 인생에 그렇게 큰 영향을 끼치리라고는 상상도 하지 못한 채 2008년 가을, 한국행 비행기에 몸을 실었다. 한국은 몇 년에 한 번씩 꼭 방문했기에 낯설지 않았다. 그러나 내 또래의 친구들과 이렇게 가까이서 지내게 된 것은 처음이었다.

서강대학교는 생각보다 작고 아담한 학교였다. 친구들도 모두 친절했다. 나는 부족한 한국어 실력을 늘려야 한다는 생각으로 다른 나라에서 온 친구들, 특히 영어를 하는 친구들과는 될 수 있는 한 어울리지 않으려고 했다. 수업을 들을 때도, 밥을 먹을 때도, 다 같이 놀러 갈 때도 나는 한국 친구들과만 어울렸다. 생각도 한국어로 하고, 꿈도 한국어로 꾸려고 했다. 그래야만 이 6개월을 알차게 보낼 수 있으리라고 생각했다.

서강대에는 영어로 진행되는 수업이 있어서 다행히 나는 '외교 정책 결정 과정'과 '동남아 정치' 등 내 관심 분야의 수업을 영어로 들을 수 있었다. 그러나 학교생활 전반에 있어서 나는 한국 친구들의 도움이 절실했다.

한국 친구들은 무척 똑똑했고, 나의 모든 질문에 친절히 대답해 주었다. 한국어는 집에서 늘 썼으니 친구들과 어울리는 데는 전혀 문제가 없었지만 친구들이 쓰는 신조어, 어려운 정치 용어들은 친구들에게 물어 가며 공부해야 했다.

임정택이라는 친구는 한국어 문법 체계와 영어의 문법 체계를 모두 잘 알고 있어서인지 나에게 두 언어의 차이를 아주 잘 설명해 주었다. 정택이의 도움이 아니었다면 나는 서강대에서의 6개월을 훨씬 힘들게 보냈을 것이다.

언젠가 '동남아 정치' 수업 시간에 조별 발표 과제로 베트남전쟁에 관한 프레젠테이션을 하게 되었다. 미국이 베트남에 민주주의를 뿌리내리게 하기 위해 얼마나 노력했는지 파워포인트를 띄워 가며 열심히 발표하고 있는데 한 여학생이 손을 들었다.

"민주주의가 베트남을 위해 가장 좋은 제도라는 걸 어떻게 증명하죠?"

나는 순간 깜짝 놀랐다. 나는 미국에서 태어나고 자라면서 단 한 번도 민주주의가 가장 이상적인 제도라는 것을 의심해 본 적도, 그런 질문을 받아 본 적도 없었기 때문이다. 그 여학생은 이화여대에 다니면서 학점 교류로 서강대에서 강의를 듣고 있었고, 영국에 연수도 다녀온 아주 똑똑한 학생이었다.

물론 지금도 민주주의에 대한 내 생각에는 변함이 없지만, 그때의 경험을 통해 내가 얼마나 미국 중심의 사고를 하고 있는지와 세상에는 아주 다양한 생각과 관점이 존재한다는 것을 깊이 깨닫는 계기가 되었다.

내게 큰 영향을 미친 수업이 또 하나 있다. 영국 교수님이 강의하시던 '이슬람 문화의 핵심 가치(Essential Themes of Islam)'라는 수업이었다. 가톨릭을 기반으로 하는 서강대에서 이슬람 문화에 대해 가르치시던 것이 무척 인상적이었다. 그분이야말로 진정한 세계화를 이루고 계신 것이 아닌가 생각했다.

서강대에서 반년을 보내면서 한국에서 부각되는 다양한 쟁점에 대해서 많이 접할 수 있었다. 특히 뉴스나 신문, 그리고 교내에서 만나는 사람들을 통해 '독도'에 대해 굉장히 많이 들었다. 그때 처음으로 한국 사람들이 독도에 뜨겁게 반응한다는 사실을 알게 됐는데 왜 그 작은 땅의 소유권에 대해 그토록 강하게 주장하는지 처음에는 잘 이해하지 못했다. 저 작은 섬에 무슨 대단한 것이 있기에 그럴까 생각했다.

그런데 마침 외국인 학생들을 대상으로 독도에 관한 세미나가 열렸다. 한창 독도 문제에 대해 궁금했던 차에 친구들과 한번 참가해 보기로 했다. 독도에 대해 생생한 이야기를 들을 수 있었고 한국인에게 독도가 굉장히 큰 의미가 있다는 것도 알게 됐다.

역사적으로 한국은 중국 왕조와의 관계 속에서 크고 작은 마찰이 자주 있었고, 일본도 호시탐탐 한국 땅을 노리며 침략을 일삼았다. 그리고 역사적으로 현재까지도 깊은 상처를 남긴 일제 치하 36년과 6·25전쟁 등 많은 전쟁을 치러 왔다. 그렇기 때문에 독도는 외부의 세력으로부터 한국을 지킬 수 있는 마지노선을 상징한다는 것을 알게 됐다.

독도를 지키기 위해 싸우는 것은 한국인의 정체성과 한국인의 자부심, 한국인의 핏줄을 지키는 것이나 마찬가지다. 이제는 한국과 한국 사람들에게 있어 독도가 얼마나 중요하고 깊은 의미가 있는 곳인지를 진심으로 이해하게 됐고 나 또한 마음속으로 독도의 수호자가 되어야겠다고 생각했다.

터키에서나 팔레스타인, 그 외 유럽 등 많은 지역을 돌면서 나는 태극기가 그려지고 '대한민국'이라고 쓰인 티셔츠를 자랑스럽게 입고 다녔다. 한국어를 가르쳐 달라는 터키 친구들을 위해 비공식 한국어 교실을 만들기도 했다. 내 몸에 흐르는 한국의 핏줄, 그 한국의 자부심인 독도를 잊지 않을 것이다. 그리고 앞으로 독도에 대해 묻는 사람들이 있다면 이렇게 말할 것이다. "독도는 우리 땅!"

# 마이클 잭슨의 광팬,
# 홍대 클럽에 가다

젊음의 거리인 신촌은 내가 꿈에 그리던 신세계였다. 어찌나 재미있는 게 많던지! 평소 춤을 좋아했던 나는 홍대에 있는 클럽에 출석 도장을 찍기 시작했다. 한국에서 만난 좋은 친구들과 노는 것도 재미있었고, 무엇보다 금요일만 되면 밤새도록 마음껏 춤 출 수 있다는 것이 제일 좋았다.

앞서도 말했지만 나는 마이클 잭슨의 열광적인 팬이었다. 내가 춤을 좋아하게 된 것도 그 때문이다. 신기하게 미끄러지는 그의 문워크를 보며 나도 똑같이 따라하고 싶었다. 그래서 당시 학교에서 친하게 지내던 흑인 친구들과 수업이 끝나면 마이클 잭슨의 비디오를 돌려보며 문워크를 5시간씩 연습하기도 했다. JYP에서 러브콜까지 보내

왔으니 내가 얼마나 춤을 좋아하고 잘 추는지는 상상에 맡기겠다.

이후에도 한국에 인턴을 하러 왔을 때 나는 홍대 클럽을 그냥 지나칠 수 없었다. 춤을 추면서 땀을 흠뻑 흘리고 친구들과 열광적으로 놀다 보면 시간은 어느새 새벽을 향하고 있었다. 홍대 클럽은 한국을 생각하면 같이 떠오르는 흐뭇한 추억 중 하나다.


한국에서의 생활은 기대 이상으로 재미있었다. 그러나 내게 예기치 못한 어려움이 두 가지 있었는데 그것은 바로 정체성의 혼란과 지독한 외로움이었다.

나는 집에서 늘 한국말을 썼고 한국 문화에도 익숙했기에 내가 대단히 한국적인 사람이라고 생각했다. 대부분의 교포가 그렇듯 나도 미국에서 보이는, 혹은 보이지 않는 차별을 많이 겪어 왔기에 내가 미국 사회에 딱 들어맞는 사람이라고 생각하지 않았다. 부모님의 나라, 내 뿌리의 나라로 돌아가면 퍼즐의 마지막 한 조각이 맞춰지듯 그렇게 한국에는 내 자리가 있을 줄 알았다. 그런데 현실은 내 생각과 조금 달랐다.

"와, 외국인 치고 한국말 굉장히 잘하는데?"

친구들은 내가 미국 국적을 갖고 있다는 이유로 나를 '외국인'이라 생각했다. 내 얼굴에서 어딘가 모르게 '미국 냄새'가 난다고 말하는 사람도 있었다. 내가 형제자매로 생각해 온 한국 사람들에게서 그런 말을 들으니 마음이 복잡해졌다. 나는 과연 어디에 속하는 사람일까. '나'라는 퍼즐 조각이 꼭 들어맞는 곳은 이 세상에 없는 걸까.

내가 정말 한국 사람처럼 한국말을 잘했으면 친구들은 '한국말을 잘한다'라는 말조차 하지 않았을 것이다. 그냥 나를 한국 사람이라고 생각했겠지. 그때부터 '한국말을 잘한다'라는 말은 나에게 더 이상 칭찬이 아니었다.

나는 내가 온전한 한국 사람이 아니라는 생각과 함께 몇 달간 큰 정체성의 혼란을 겪었다. 한국인 친구들과만 어울리겠다던 생각도 더 이상 의미가 없어졌다. 나는 나처럼 교환학생으로 온 전 세계의 친구들과 스스럼없이 어울리며 많은 대화를 나눴다. 그리고 한국에 왔으니 한국 친구들과만 어울리겠다던 내 생각이 얼마나 근시안적인 것이었는지 깨달았다. 서강에서 만난 외국 친구들과는 몇 년이 지난 지금까지도 연락하며 깊은 우정을 나누고 있으니 말이다.


교환학생 시절 나를 힘들게 했던 또 한 가지는 외로움이었다. 나는 그때까지 한 번도 가족들과 떨어져 지내 본 적이 없었다. 물론 내가 살던 애틀랜타를 떠나 보스턴대학교에 갔지만 거기엔 누나가 있었다. 누나가 졸업한 뒤엔 막내 은희가 보스턴대와 가까운 하버드대에 들어와서 나는 늘 가족과 가까이에 있었다.

그런데 혼자 한국에 와서 떨어져 지내게 된 그 6개월은 내 인생에 처음으로 온전히 혼자였다. 나를 둘러싸고 있던 거대한 비눗방울이 '톡' 하고 터져 버리기라도 한듯, 난 덩그러니 내동댕이쳐진 기분이었다. 처음으로 나의 안전지대에서 벗어나 지독한 외로움과 싸워야 했다. 엄마가 가끔 한국에 오시기는 했지만 일 때문에 얼마 안 있어 미국으로 다시 가셔야 했고, 나는 또다시 혼자였다.

그 외로웠던 시간에 난 친구들을 더 깊이 사귈 수 있었고, 앞으로 혼자 헤쳐 가야 할 외로움과 더욱 친해져야 한다는 걸 깨달았다.

# 아름다운 청년, 매튜 남

2010년 4월 16일 오후 3시 반. 주말을 맞아 마음이 한껏 들 뜨는 금요일 오후였다. 나는 수업이 모두 끝난 뒤 홀가분한 마음으로 기숙사 방에서 친구들과 함께 이런저런 이야기를 나누고 있었다.

"금요일인데 어디 놀러 가고 싶다."

"우리 다 같이 맛있는 거라도 먹으러 갈까?"

그때 갑자기 핸드폰이 울렸다. 애틀랜타에 살고 있는 고등학교 동창 알리였다. 알리와 나는 같은 고등학교를 다녔지만 평소 연락하고 지내는 사이는 아니었기에 알리의 전화는 다소 뜻밖이었다. 무슨 일로 전화를 했을까 궁금하기도 하고, 조금은 어색하기도 하여 일부러 목소리를 한 톤 높여 반갑게 전화를 받았다.

"하이, 알리! 오랜만이야! 잘 지냈어?"

"응, 존. 어떻게 말해야 할지 모르겠는데……."

알리의 목소리가 아주 낮게 가라앉아 있었다. 처음엔 알리가 무슨 말을 하는지 들리지 않을 정도였다.

"매튜가 죽었대……. 교통사고로."

나는 내 귀를 의심하지 않을 수 없었다. 매튜는 어릴 적부터 함께 해 온 나의 가장 친한 친구였다.

"누가 그래? 어디서 들었어?"

"매튜 누나의 친구에게 들었어……."

"……알겠어, 알리. 내가 나중에 다시 전화할게."

알리의 전화를 서둘러 끊을 때까지만 해도 나는 그 말을 믿지 않았다. 아니, 믿을 수가 없었다. 알리가 어디선가 잘못 듣고 전화한 것이 분명할 테니 얼른 매튜와 통화해서 목소리를 확인하고 알리에게 다시 전화를 걸어 네가 잘못 들었다고, 매튜는 아주 잘 있다고 말해 주고 싶었다.

나는 기숙사 복도로 잠시 나와 매튜에게 전화를 걸었다. 열 번이나 계속 통화 버튼을 눌러 보았지만 매튜는 전화를 받지 않았다.

'어서 받아, 매튜. 내 전화 받으라고!'

나는 매튜가 어서 전화 받기만을 바라며 열한 번째 통화 버튼을 눌렀다. 누군가가 전화를 받았다. 매튜의 어머니였다. 어머니는 흐느끼고 계셨다. 나는 무언가 정말로 잘못됐음을 느낄 수 있었다.

"지금 매튜 어디 있어요?"

"매튜가 죽었어…… 매튜가 죽었어……."

"……."

매튜 어머니의 입에서 흘러나온 말이었지만 나는 도저히 그 말을 믿을 수 없었다. 뭐라고 대답해야 하는지, 울고 계신 어머니께 뭐라고 말씀드려야 하는지 아무런 생각도 나지 않았다. 갑자기 화면이 멈춰 버린 영화의 한 장면 속에 들어와 있기라도 하듯, 모든 것이 정지된 것만 같았다. 차라리 이 모든 것이 꿈이라면 정말 좋을 것 같았다.

매튜와 나는 둘 다 한국인 이민 3세였고 어렸을 때부터 형제와 다름없이 가깝게 지내던 친구였다. 내가 초등학교 2학년 때 애틀랜타 로렌스빌로 이사 가서 처음 사귄 친구가 바로 매튜였다. 우리는 수업이 끝나면 해가 질 때까지 양쪽 집을 오가며 온몸이 땀에 흠뻑 젖도록 뛰어놀곤 했다.

당시 애틀랜타에는 한인들이 지금처럼 많지 않았을 때라 우리 가족은 매튜네 가족과 금세 가까워졌다. 매튜 어머니도 나를 아들이라 부르고 우리 엄마도 매튜를 아들이라 부를 정도로 우리 둘도 없는 친구였다. 우리는 같은 초·중·고등학교에 다녔고, 공부도 운동도 늘 함께하며 서로의 집에서 늦게까지 놀다가 자고 오는 날도 많았다. 친구네 집에서 자는 걸 여간해서 허락하지 않으셨던 엄마도 매튜네 집에서 자는 것만큼은 흔쾌히 허락하셨다. 매튜는 남자 형제가 없던 나의 소년 시절을 가득 채워 준 소중한 친구였다.


　나는 멍한 채로 전화기를 들고 방으로 돌아왔다. 갑자기 어두워진
내 표정을 보고 놀란 친구들이 조심스럽게 물었다.
　"무슨 일이야, 존? 무슨 일 있어?"
　"……"
　나는 침대 위로 쓰러져 얼굴을 파묻은 채 소리 내어 울기 시작했
다. 아니, 울부짖었다는 표현이 맞을 것이다. 가슴 속 깊은 곳에서부
터 솟구치는 뜨거운 눈물은 멈추지 않고 계속 흘러 나왔다.
　'내 친구 매튜가 죽었다고? 거짓말일 거야. 매튜가 왜? 사랑하는
내 친구가 왜!'
　친구들은 내 눈물이 잦아들 때까지 아무 말 없이 내 곁을 지켜 주
었다.
　얼마나 울었을까. 너무 많이 울어서 목소리가 나오지 않았다. 문
득 나는 친구들에게 전화해 봐야겠다는 생각이 들었다. 다른 친구들
이 이 소식을 들었다면 가만히 있을 리가 없었다.
　나는 제일 먼저 리처드에게, 그리고 에릭, 유진에게 차례로 전화
를 걸었다. 모두 매튜와 잘 아는 친구들이었다.
　"매튜가…… 교통사고로 죽었대……."
　친구들 역시 갑작스런 소식에 모두 할 말을 잃었다. 우리는 서로
무슨 말을 해야 할지 몰라 그저 전화기만 붙들고 있었다. 눈물이 뺨

을 타고 쉴 새 없이 흘러내렸다. 제발 모든 것이 꿈이기를 그토록 간절히 바랐던 적은 전에도, 후에도 없었다. 눈물은 잠자리에 들 때까지 멈추지 않았다.

매튜의 장례식은 약 일주일 후인 그 다음 주말이었다. 마음 같아선 당장 애틀랜타로 달려가고 싶었지만 학기 말이라 꼭 참석해야 할 모임이 너무도 많았다. 그래서 하는 수 없이 장례식 하루 전인 목요일에 애틀랜타로 가서 장례식 준비를 도울 생각이었다. 그러나 온통 매튜에 대한 생각 때문에 아무것도 손에 잡히지 않았다. 머릿속에는 온통 매튜와 그의 가족들 생각뿐이었다. 나는 결국 모든 일을 제쳐 두고 가장 빠른 비행기 표를 구해 무작정 애틀랜타로 향했다.

익숙하던 애틀랜타 공항도 그날은 한없이 낯설게만 느껴졌다. 애틀랜타에 도착하면 늘 매튜에게 전화하곤 했는데, 누구보다 반갑게 나를 맞아 주던 친구가 이제는 없다고 생각하니 기분이 이상했다. 매튜가 이곳에 없다는 게 실감이 나지 않았다.

매튜의 어머니는 한걸음에 달려온 나를 보자마자 눈물을 터뜨리셨다.

"어떻게 매튜한테 이런 일이 일어날 수 있어…… 말 좀 해봐……."

세상의 어떤 말이 이토록 큰 슬픔을 담아 낼 수 있을까. 나는 어머니를 부둥켜안고 한참을 울었다.

'어떻게 이런 일이…… 왜 하필 매튜에게 이런 일이!'

사실은 나도 비행기를 타고 오는 내내 속으로 수없이 되뇌었던 질문이었다.

　나는 일주일간 매튜의 가족들과 함께 장례식 준비를 도왔다. 매튜의 부모님과 함께 매튜에 대한 이야기를 나누다 울기도 하고, 매튜와의 행복한 추억이 생각날 땐 함께 깔깔 웃기도 했다. 나는 매튜의 부모님과 함께 있어 드리고 싶었다. 그것이 내가 매튜를 위해 할 수 있는 최선이자 마지막 선물이었다.

　스물한 살의 나이에 하늘나라로 간 매튜는 하나님의 신실한 사람이었다. 매튜는 항상 다른 사람들의 어려움에 관심을 가지며 그들의 이야기에 귀를 기울였고, 누군가를 돕는 것을 가장 큰 기쁨으로 알던 친구였다. 그래서일까. 스물한 살 아름다운 청년 매튜의 마지막 장례식에는 한국인은 물론, 다양한 피부색과 국적을 가진 500~600명의 사람들이 참석하여 함께 슬픔을 나눴다. 매튜의 죽음을 진심으로 슬퍼하고 안타까워하는 사람들이 그렇게 많으리라고는 가까운 친구들인 우리도 예상하지 못했다. 하지만 매튜의 삶을 되돌아보면 그것은 그리 놀라운 일이 아니었다. 매튜의 삶은 짧았지만 그는 사람들의 삶에 누구보다도 긴 여운과 아름다운 흔적을 남겼다. 매튜의 죽음은 수많은 사람들의 가슴에 불을 지폈고, 사람들은 천국으로 가는 매튜의 마지막 길을 진심으로 축복해 주었다.


　매튜의 장례식이 끝나고 보스턴으로 돌아와 일상에 복귀한 나는 아무것도 할 수 없었다. 아니, 아무것도 하기 싫었다는 말이 맞을 것이다. 대학 졸업 시험을 딱 한 달 앞두고 있었지만 시험은 하나도 중요하게 느껴지지 않았다. 마음에 커다란 구멍이 뻥 뚫린 듯, 모든 것을 포기하고 싶어졌다.

'내 형제나 다름없던 매튜, 그렇게 착한 매튜가 이렇게 쉽게 죽는다면 나도 내일 죽을 수 있는 거 아닐까? 그렇다면 공부는 열심히 해서 무슨 소용이지?'

가슴 가득 허무함이 밀려왔다. 당시 나는 교회에서 소그룹 리더를 맡고 있었지만 내 마음을 나도 어찌할 수 없었다. 말수도 적어지고, 이유 없이 사람들에게 화를 내기도 했다. 매튜를 갑자기 데려가신 하나님께도 화가 났다.

'하나님이 매튜를 사랑하신다면, 매튜가 사고를 당하던 순간에 구해 주셨어야 하는 것 아닌가요?'

사람들은 일주일 사이에 부쩍 우울해진 나를 보고 걱정스럽게 묻곤 했다.

"존, 무슨 일이야?"

"무슨 일이 일어났는지 묻지 마시고 그냥 저를 위해 기도해 주세요."

누군가 나를 건드리기만 해도 눈물이 날 것 같았다. 그러나 사람들 앞에서 울 수 없기에 이렇게 퉁명스러운 대답을 던지며 눈물을 삼키곤 했다.

학교로 돌아온 지 일주일이 되었을 때, 나는 내 인생에서 가장 어두운 터널을 통과하고 있었다. 사람들은 그런 나를 혼자 놔두지 않왔다. 교회와 학교 친구들, 애틀랜타에 있는 친구들까지도 번갈아 가며 나를 위해 기도해 주고, 전화를 하고, 문자를 보내 주었다. 내가 어떻게 지내고 있는지 진심으로 궁금해하며 안부를 묻고 만나서 함께 밥을 먹어 주기도 했다.

시간이 얼마나 지났을까. 내 마음에 생겼던 커다란 구멍은 친구들의 사랑으로 조금씩 메워져 갔다. 물론 그 구멍이 한순간에 완전히 메워진 것은 아니다. 그러나 사람들의 관심과 기도 덕분에 나는 조금씩 안정을 되찾았고, 친구들이 보내 준 진심 어린 위로를 통해 하나님이 나를 사랑하고 계시다는 것을 느낄 수 있었다. 그때 만약 내 곁을 지켜 준 친구들이 아니었다면 나는 결코 그 시간을 혼자 견딜 수 없었을 것이다.

나는 때론 하나님께 묻고, 때론 하나님께 따지기도 하며 매튜의 죽음을 이해하려고 애썼다. 세상에서 제일 착한 매튜, 하나님을 그토록 사랑했던 매튜를 데려가신 이유를 도무지 이해할 수 없었기 때문이다. 그런데 신기하게도 조금씩 이런 생각이 들기 시작했다.

'내 인생에 매튜가 꼭 있어야만 한다는 생각은 어쩌면 나의 이기적인 생각일지도 몰라. 하나님은 내가 알지 못하는 더 큰 이유, 더 큰 계획이 있어서 매튜를 데려가셨는지도 모르니까……'

나는 매튜의 죽음을 헛되게 하지 않기 위해서라도 내 삶을 다시 추스르고 싶어졌다. 그리고 매튜처럼 다른 사람들을 위해 살고 싶어졌다. 사람들에게 좋은 영향력을 미치는 것, 그것이 매튜가 한 일이니까. 매튜의 죽음은 그렇게 잠자고 있던 내 영혼을 흔들어 깨웠다.

좋은 학교를 나와 좋은 직장에 들어가서 돈을 많이 벌고 결혼을 잘하는 것이 오로지 인생의 목적이라고 생각한 적은 없지만, 대학에 입학한 이후로 인생의 방향을 알지 못해 괴로워하며 헤맸던 것도 사실이다. 그렇지만 나는 그때의 나처럼 방황했던, 혹은 방황하는 사람들에게 말하고 싶다. 나의 인생은 나만의 것이 아니라는 것을. 그리고 설령 내 인생에 이해할 수 없는 일이 일어날지라도, 모든 일들은 다 의미와 이유가 있다는 것을. 우리의 삶은 우리가 상상할 수 있는 그 어떤 것보다 훨씬 더 크기 때문이다.


지난 2011년 4월에 있었던 매튜의 1주기 추도식에서 나는 친구들을 대표해 추도사를 낭독했다. 그리고 일 년 전에도 그랬던 것처럼, 일주일간 매일 매튜의 부모님을 찾아가 함께 식사를 하고 매튜에 대한 이야기를 나눴다. 사랑하는 매튜의 기억과 함께 울며, 웃으며.

나는 이후 사람들 앞에서 세미나를 하거나 간증을 할 때마다 매튜의 이야기를 빼놓지 않는다. 몸과 마음과 뜻을 다해 하나님과 이웃을 사랑하던 아름다운 청년, 매튜 남. 이 땅에서 더 이상 친구의 환한 미소를 볼 수 없다는 사실은 너무나 슬프지만, 우리는 언젠가 반드시 다시 만나게 될 것을 믿는다.

매튜! 더 많이 웃고 더 많이 사랑하며 열심히 살게! 너를 위해, 그리고 남아 있는 모두를 위해.

# 국회 인턴이 느낀
# 한반도 문제

　2010년 5월, 보스턴대학교를 졸업하고 나서 한국에 들어왔다. 2011년도에 팔레스타인과 터키에서 예정되어 있는 인턴 프로그램을 하기까지 남은 몇 개월을 한국에서 보내고 싶었다. 2008년도 가을에 서강대학교 교환학생으로 온 이후 2년 만이었다. 나는 한국 정치에 대해서 더 알고 싶은 마음으로 한국 국회의 외교통상통일위원회에 인턴으로 지원하였다.

　사실 한국에 오기 직전 졸업을 앞둔 봄, 당시 매사추세츠의 드벌 패트릭 주지사 사무실에서도 5개월 정도 인턴을 했기 때문에 정부기관에서 일한다는 것이 무엇인지 조금은 감이 잡혔다. 사무실에서는 주지사와 부주지사 앞으로 오는 서신들을 검토하고 답신의 초안을 작성하는 일, 사무실로 걸려 오는 전화에 응대하는 일 등을 했다. 그곳에 내 자리가 있었다는 사실과 주지사 업무를 직접 보고 들은 것만으로도 훌륭한 경험이었다. 그런데 한국에서도 마침 국회에서 일할 수 있는 기회가 생긴 것이다.

미래의 외교관을 꿈꾸고 있기에, 국회에서의 인턴 경험은 그 꿈을 향해 나아가는 데 또 하나의 퍼즐을 놓는 것과 같은 일이라고 생각했다. 높은 직급에 계신 분들과 일하게 되어서 긴장하기도 했지만 그동안 워낙 어른들을 대하는 훈련을 많이 해왔기 때문에 정중하고 예의 바르게 그분들을 모실 수 있었다.

외교통상통일위원회에서는 주로 예산안과 법률안을 짜는 일을 하는데, 나는 그 일을 맡은 분들을 도와 자료를 조사하고 번역이 필요한 자료를 검토하는 일을 했다. 또한 미국 정부나 민간 차원의 행정 전반에 관해 궁금해하시는 분들에게 답을 드렸다. 미국에서는 주로 예산을 어떻게 편성하고 집행하는지, 미국 공무원들의 근무 환경이나 처우는 어떤지 등에 대한 질문을 받기도 했다. 나는 경험했던 것을 바탕으로 알고 있는 내용을 대답해 드리고 잘 모르는 것은 조사해서 보고를 드렸다.

또한 정수성 국회의원의 비서로도 일했는데, 다른 직원들과 함께 예산을 세우는 일과 각종 회의 준비를 도와드렸다.

한 번은 참관해도 좋다는 허락을 받고 한 회의에 참석한 적이 있었다. 그곳에서는 놀라운 이야기들이 오고 가고 있었다. 북한으로 보낼 돈, 쌀, 라면, 떡, 콘크리트 등을 언제 어떻게 보낼지를 실질적으로 논의하고 심사하는 회의였다. 세계 각국에서 북한에 원조를 한다는 사실은 알고 있었지만 실제적으로 눈앞에서 논의가 이루어지는 것을 보니 얼떨떨했다. 이때를 계기로 해서 나는 북한에 대한 관심이 깊어졌고 훗날 내가 외교관이 되고 주요 결정권자가 되었을 때, 정부나 민간 차원에서 지속적으로 인도주의적인 도움을 줄 수 있는 방법을 찾기 위해서 노력해야겠다고 생각했다.

2008년 대학교 여름방학 때, 메드쉐어 인터내셔널이라는 비영리 단체에서 의약품 키트를 만들고 포장하여 아시아와 아프리카의 저개발국가에 보내는 자원봉사를 했던 경험이 떠올랐다. 베트남 등 아시아로 의약품이 전달되었는데 이런 지원이 북한으로도 연결될 수 있다면 좋겠다고 생각했었다. 그런데 반가운 소식을 들었다. 1년 후인 2009년, 북한에도 평양의학대학교 등에 민간교류 차원에서 의료 물품이 전달되었다는 것이다.

외교통상통일위원회에서 인턴으로 일하는 동안 내가 가장 많이 들은 단어는 '남북한', '통일'이었다. 일하면서 북한의 현실에 대한 이야기를 더 구체적으로 듣게 되었다. 북한이 조금만 더 외부를 향해 문을 열고 한국이나 미국과의 관계에서 더 누그러진 마음으로 나아온다면 북한 동포들의 삶이 조금은 더 나아질 수 있을 텐데 하는 생각이 들었다. 아무리 지원해 주고 싶어도 원하는 대로 줄 수 없을 뿐 아니라 그것이 꼭 필요한 주민들에게 제대로 전달되지 않는 경우가 많기 때문에 실질적으로 도움의 손길이 뻗어나가지 못하는 것이 안타까웠다.

사실 처음에는 남북한 간의 정치 문제나 상황이 조금 낯설었다. 그동안 중동에 대해서는 학교에서도 수업을 듣고 미국 내에서도 뜨거운 이슈이기에 중동의 평화와 인권 등에 대해서만 큰 관심을 기울였다. 하지만 한국에서 직접 눈으로 보고 들으며 분단과 통일에 대해서 더 관심을 갖고 연구해 보고 싶은 마음이 생겼다. 중동 못지않게 한반도에도 평화가 필요하다는 것을 절감했다.

# KBS에서 국제무대를
# 경험하다

국회에서 인턴을 하며 한국에 있는 시간을 최대한으로 활용하고 싶었다. 조금 더 욕심을 내서 내가 할 수 있는 일이 무엇이 있는지, 어떤 기회가 있는지 적극적으로 알아보았다. 지인들에게 묻기도 하고 인터넷에 뜨는 공고를 살펴보기도 했다. 마침내 KBS 방송국의 국제협력실에서 약 3개월간 인턴으로 일할 수 있는 기회를 얻게 되었다. 어머니가 미국의 한인 방송국에서 일하신 적이 있어서 방송국을 탐방한 적은 있지만 정식으로 일해 본 것은 이번이 처음이어서 굉장히 설레었다.

한국을 대표하는 공영방송국에서 일할 수 있는 기회를 얻었다는 것도 좋았지만, 사실 그보다 더 신 났던 것은 연예인들을 직접 볼 수 있지 않을까 하는 기대였다. 아쉽게도 연예인들을 직접 만나서 이야기하거나 악수를 나눠 보지는 못했지만 먼발치에서나마 원더걸스, 소녀시대, 2PM 등 유명한 가수들을 보았다. 이들은 미국 한인 사회에서뿐 아니라 미국 친구들 사이에서도 굉장히 인기가 높다. 나도 이들의 팬이라서 무척 설레었다.

당시 KBS에서는 이듬해 5월에 있을 '세계공영TV 총회(Input 2011 Seoul)'라는 행사 준비로 한창 바쁠 때였다. 나는 통번역과 각종 행사 준비를 돕는 인턴으로서 합류하게 되었다. 세계공영TV 총회는 한 해 동안 전 세계에서 가장 뜨거운 이슈가 되었던 프로그램을 제작한 제작진들이 모이는 행사로, 2011년에는 서울에서 KBS와 MBC의 공동 개최로 치러졌다. 2006년 대만에 이어 아시아에서 두 번째로 열린 이 행사는 BBC, NHK 등 전 세계 30여 개 나라의 공영방송사 제작진은 물론 의미 있는 다큐멘터리를 만든 감독과 피디가 모여 시사작을 발표하고 각 방송사의 발전을 위해 다양한 주제로 토론하는 국제 행사였다.

나는 총괄 기획 담당자를 도왔는데, 워낙 글로벌하고 중요한 행사라서 사전에 준비할 것도 많았고 관계자들과 수시로 연락할 일도 생겼다. 나는 이메일이나 전화로 지속적으로 접촉하면서 이 일이 진행되는 데 지장이 없도록 힘껏 도왔다. 국제적인 행사다 보니 영어를 쓸 일이 많았는데 내게 꼭 적합한 일이었던 것이다.

행사 기간이었던 그 이듬해 5월, 국제협력팀에서 내게 잠시 한국에 들어와서 해외 관계자들을 수행할 수 있는지 요청했다. 그래서 나는 시간을 내어 다시 한국에 들어와 해외 제작자들과 대표들을 모시며 통역을 하고 그들의 한국 일정을 성심껏 도왔다. 전 세계에서 온 방송 관계자들을 만나 이야기를 나누는 것은 아주 흥미로운 일이었다.

세계공영TV 총회와 관련된 업무를 하면서 다른 일도 도왔는데, 특히 영어 자문이 필요한 곳이라면 어디에서든지 나를 불렀다. 기회가 되면 최대한 다양한 경험을 해보고 싶었기 때문에 기꺼이 일을 도맡았다. 내게 있는 재능이나 능력을 발휘하여 일이 업그레이드될 수 있다면 그것만으로도 큰 성취 아닐까? 그리고 적극적으로 일하다 보면 결국은 내 실력이 쌓이는 것이고 또 중추적인 역할을 하는 분들과의 만남을 통해 배우는 것도 많이 생긴다.

하루는 국제협력실 김 부장님의 부탁으로 외국으로 보내야 할 KBS 사장님의 영문 이메일을 교정봐 드리게 됐다. 김 부장님은 내가 도와드린 일로 흡족하셨는지 그 후로 나를 눈여겨봐 주시며 늘 반갑게 대해 주셨다. 그리고 며칠 지나지 않아 내게 긴 연설문을 영어로 작성해 달라는 부탁을 하셨다. 무슨 내용일까 살펴보니 그것은 2010년 10월 뉴욕 UN본부에서 열린 'UN의 날 콘서트'에서 KBS 사장님이 낭독하실 연설문이었다.

나중에 알고 보니 뉴욕에서 열린 그 콘서트 객석에는 반기문 UN 사무총장님도 계셨고 UN의 주요 인사들이 참석했다고 한다. 내가 행사에 직접 참석한 것은 아니었지만, 행사가 끝난 후 인터넷으로 녹화 중계방송을 보면서 내가 번역한 연설문이 낭독되는 것을 들었을 때 기분이 묘하고 뿌듯했다. 짧은 인턴 생활 기간이었지만 내가 기여할 수 있는 부분이 있었던 것이 아주 큰 소득이라고 생각했다.

이 일을 통해 나는 사회생활을 하면서 사람들과 적극적으로 협력할 때 내게도 좋은 열매로 돌아온다는 사실을 경험했다. 사소한 일처럼 보일지라도 귀찮아하거나 불평하지 않고 선뜻 내가 하겠다는 마음가짐이 있었기 때문에 이런 중요한 일도 맡을 수 있었던 것이다.

앞으로 내가 국제무대에서 어떤 일을 하게 될지 정확하게는 알 수 없다. 하지만 내게 주어진 모든 일을 차근차근 밟아 나가고, 감사한 마음으로 일하다 보면 어느 순간 돌아보았을 때 그 모든 과정이 내게 피와 살이 될 거라고 생각한다. 그런 마음으로 지내다 보니 업무로 만나는 사람이나 평소에 운동을 하거나 친교로 만나는 친구 등 모든 인간관계가 소중하게 느껴졌다.

나의 재능이나 일을 잘하는 능력만이 나를 키워 주는 것이 아니다. 나 혼자 할 수 있는 것은 없다. 나를 눈여겨봐 주신 분의 도움과 조언이 있었고, 그분이 내가 능력을 발휘할 수 있도록 기회를 주셨기 때문에 모든 것이 가능했다.

나는 KBS에서 국제협력실뿐 아니라 감사실 업무를 함께 도왔다. 미국 출장을 다녀온 촬영팀의 영문 영수증을 검토하고 있었는데 갑자기 사무실에서 사람들의 웅성거리는 소리가 들렸다. 무슨 일이 생긴 것일까?

바로 연평도 포격 사건이 발생한 그 시점이었다.

남한과 북한은 현재 휴전 중이고, 관계의 진전을 위한 해결의 실마리가 보이지 않는 상황이라 늘 긴장할 수밖에 없다는 것을 알고 있었지만 비교적 한국은 평화가 보장되어 있다고 생각했다. 그런데 어떻게 아무런 이유도 없이 민간인 마을을 향해 무력을 행사하며 무고한 시민들의 목숨을 앗아가는 일을 행할 수 있다는 말인가?

이 일은 미국 언론에서도 굉장히 중요한 이슈로 다루었다. 같은 해 3월에 발생했던 천안함 사건과 이번 연평도 사건을 동일선상에서 놓고 분석하는 시각이 많았다. 북한의 의도를 정확하게 알 수는 없지만 개인적으로는 어떤 상황에서도 민간인에게 무력을 사용하는 것은 옳지 않다고 생각한다.

이 사건을 통해 국제정치 속에서 북한 문제가 매우 중요하다는 것을 현실적으로 느낄 수 있었다. 긴장된 남북관계는 전 세계에서 주목하는 문제다. 남한과 북한, 그리고 주변 국가들이 남북통일 문제를 최우선순위로 놓고 협력해야 한다고 생각한다. 물론, 아직 내가 남북관계에 대한 지식이 부족하고 복잡한 정치 상황을 충분히 이해하지 못하고 있어 이런 이야기를 하는 것이 조심스럽고 어려운 문제임을 안다. 그러나 우리 모두의 바람인 평화의 관점에서 나는 북한에 대해서도 지속적인 관심을 가지고 공부하고 고민할 것이다.

대학을 다니면서 여러 가지 사회 경험을 쌓고 인턴 활동을 했지만, 졸업하고 나서 맞은 한국에서의 인턴 경험이 본격적인 사회생활의 시작이라 할 수 있다. 미국에서만 살고 미국 사회에서만 일했다면 한국의 실정과 여론, 실제적인 정치 문제가 피부에 와 닿지 않았을 것이다. 그런 의미에서 국회와 KBS에서의 경험을 통해 외교와 정치가 우리의 삶과 밀착된 문제라는 것을 알게 됐다. 한국인의 마음과 시각으로 사회문제를 바라보게 된 것도 큰 의미였다. 이 모든 시간이 나의 시야를 한 번 더 넓히고 한 발짝 더 성장하게 했다고 믿는다.

한국에서의 인턴 기간 중 처음에는 사회생활이 낯설었지만 어딜 가나 사람들이 사는 모습은 다 비슷하다는 것을 느꼈다. 아무리 미국과 한국의 문화가 다르고 언어가 다르다고 해도 차이점보다 공통점이 더 많았다.

소개팅 자리에서 만난 남녀가 서로의 공통 관심사를 찾으려 애쓰는 이유가 무엇일까? 친하지 않은 사람들이 만났을 때 서로 다른 점보다 공통점에 집중하면 관계가 더 부드러워지기 때문이다. 외교나 정치 문제에서도 마찬가지로 공통점을 많이 찾아본다면 국제사회가 더 따뜻해지지 않을까 생각한다.

# 오빠,
# 사인 좀 해주세요!

IIPP 펠로우십 프로그램에 합격하고 나서 엄마와 나는 방송에 출연할 기회가 종종 생겼다. 내가 미국의 예비 외교관이 되었다는 것, 우리 삼남매가 모두 명문대에 4년 전액 장학금을 받고 다녔던 것, 그리고 우리가 받은 장학금의 액수를 모두 합치면 한국 돈으로 25억 원 가량이나 된다는 사실이 사람들에게 놀라움을 안겨 주었던 것 같다.

엄마와 내가 한 케이블 방송국의 토크쇼에 출연한 것을 시작으로 온 가족이 MBC의 아침 토크쇼 〈기분 좋은 날〉에도 출연하고, 취재진은 비행기를 타고 날아와 미국 애틀랜타의 집까지 구석구석 취재해 갔다. 2012년 봄에는 엄마가 KBS의 〈비타민〉이라는 프로그램에 출연하셔서 우리 셋을 영재로 키운 '브레인 푸드'를 소개하기도 했다. 엄마가 소개한 브레인 푸드는 다름 아닌 우리가 제일 좋아하던 '오이소박이'였다.

TV에 출연한 이후에는 각종 신문사, 잡지사의 인터뷰 요청도 이어졌다. 거의 모든 인터뷰의 주제는 단연 우리 세 남매의 공부 비결과 엄마의 교육 방법에 대한 것이었다. 엄마와 내가 지금까지 인터뷰한 곳을 합치면 줄잡아 수십 군데는 될 것이다. 출판사 관계자 분이 그중 한 기사를 인상 깊게 읽어 주신 덕분에 이렇게 내 이야기를 담은 책도 쓸 수 있는 기회를 얻게 된 것이다.

전국 각지에서 강의 요청도 빗발쳤다. 어른들은 주로 세 자녀를 훌륭하게 키워 낸 엄마의 교육 방법에 대해 듣고 싶어 하셨고, 나의 이야기를 직접 듣고 싶어 하는 청소년들도 많았다. 그래서 나는 방학 때마다 짬을 내어 한국에서 한두 달씩 머무르며 엄마와 함께 서울, 대전, 대구, 부산 등지에서 나를 찾는 곳을 방문해 세미나를 했다. 때로는 수십 명, 때로는 수천 명 앞에서 내가 살아온 이야기를 하고 청소년들을 만나 그들의 이야기를 듣는 것은 참 재미있고 보람 있는 일이다. 그리고 내 나이에 쉽게 할 수 없는 경험이기에 나는 매번 세미나를 하러 갈 때마다 감사기도를 드린다.

처음 대중 앞에 섰을 땐 너무 긴장해서 내 목소리의 떨림이 마이크를 타고 다 들릴 정도였다. 그런데 지금껏 거의 100회에 가깝게 강연을 하다 보니 이제는 아무리 많은 사람 앞에서도 편하게 말할 수 있는 내공이 생겼다. 말이 너무 잘 나와서 '지금 얘기하고 있는 게 나 맞나?' 싶을 정도로 스스로 놀랄 때도 생겼다.

'과연 무슨 얘기를 할까?' 하는 호기심으로 객석에 앉아 있는 사람들에게 나는 먼저 마이클 잭슨의 춤을 선보인다. 이어서 한국에서 인기가 많은 2PM의 '어게인 앤 어게인' 춤까지 열정적으로 추고 나면 청소년들로 가득 찬 객석은 그야말로 열광의 도가니가 된다. 미국의 예비 외교관 청년으로부터 진지한 강의를 기대했던 어른들도 입가에 미소를 띤 채 함께 박수를 쳐주신다. 춤은 역시 어디를 가나 사람들의 마음을 하나로 묶어 주는 신비한 매력이 있다.

이윽고 음악이 끝나고 무대 뒤로 잠깐 돌아와 땀을 닦은 뒤 나는 다시 무대 위로 나간다. 그리고 내가 청소년 시절 겪었던 아픔과 고민들, 아빠의 부재로 힘들게 보냈던 시간들, 대학 시절 인생의 목적을 상실하고 겪었던 깊은 방황, 친한 친구의 죽음 등 내 삶에 있었던 일들을 나눈다.

그리고 뜨거운 용광로 속에서 금이 더욱 순도 높은 금으로 정제되듯이, 하나님은 이 모든 일들을 통해 나를 훈련시키시고 내 속에 있는 불순물들을 걸러내셨다고 말한다. 힘들었기 때문에 하나님을 더욱 의지하게 됐다고 이야기한다. 내가 겪은 일들을 그대로 나누는 것만으로도 힘들어하는 청소년들이 큰 위로를 받는 것 같다.

고난 중에 있을 땐 내가 겪는 고난이 제일 힘든 것 같지만, 지나고 보면 내가 겪은 아픔은 힘들어하고 있는 누군가를 살릴 수 있는 약재가 된다는 것을 나는 수없이 경험했다. 그리고 나와 같은 아픔을 겪는 사람은 없을 거라고 생각했는데, 나와 닮은 고난을 가진, 아니 나보다 더 힘든 삶을 사는 사람들이 내 생각보다 훨씬 많다는 것을 세미나를 다니면서 알게 되었다.

나는 청소년들에게 꼭 공부가 아니더라도 자기 각자에게 있는 재능이 무엇인지 깊이 탐구해 보고, 제일 기쁘게 몰두할 수 있는 일을 찾으라고 조언한다. 그리고 계속해서 꿈을 가지라고 말한다. 나도 10년 전에는 내가 예비 외교관 장학생이 되어 이 어마어마한 훈련을 받을 것이라고는 상상도 못했다. 세계 각국을 다니고 있는 지금의 모습도 그저 희망 사항일 뿐이었다. 그러나 꿈과 목표를 붙잡았기에 시간을 헛되이 보내지 않고 그 꿈이 조금씩 구체화되는 것을 볼 수 있었다.

인생을 살면서 내가 좋아하는 일, 내가 잘하는 일, 내가 이 사회의 구성원으로서 해야 하는 일, 이 세 가지가 일치된다면 그 사람의 삶은 더할 나위 없이 행복할 것이다. 나도 이 세 가지가 일치되는 삶을 살고 싶어 고민을 멈추지 않고 있으며 이제는 어느 정도 일치되어 가는 것 같다.

청소년들이 내 이야기를 통해 도전받고 위로받았다고, 꿈이 생겼다고 하는 이메일을 받을 때마다 나는 이런 기회가 내게 주어졌음에 진심으로 감사하게 된다.

언젠가 세미나가 끝나고 질의응답 시간에 이런 질문을 받은 적이
있다.

"아버지로부터 받은 것은 무엇입니까?"

사춘기 시절 아버지의 부재 때문에 혼자서 얼마나 힘들어했는지,
그것 때문에 온 가족이 얼마나 힘들었는지를 막 나눈 참이라 어떻게
대답해야 할지 순간 고민이 되었다. 그러나 아빠는 어디까지나 나를
낳아 주신 분이고, 아빠가 계셨기에 내가 세상에 나올 수 있었다는
생각을 하면 나는 늘 아빠에게 감사한 마음이 든다. 그래서 나는 큰
소리로 대답했다.

"예수님을 사랑하는 마음과 키 크고 잘생긴 것입니다."

정말 그렇다. 183센티미터나 되는 내 큰 키와 설득력 있는 목소리
는 아빠로부터 물려받은 것이었다. 세미나를 하러 다니기 전까지 나
는 내 목소리가 좋다고 생각해 본 적이 별로 없었는데 사람들로부터
목소리가 좋다는 칭찬을 받기 시작했다. 심지어 어떤 분은 내가 말
하는 목소리나 말투, 모습 등이 오바마 대통령을 닮았다고 말씀하시
기도 했다. 나를 격려해 주시려고 으레 하는 말인 걸 잘 알지만 그래
도 들으면 기분이 좋다.

세미나가 끝나면 나를 가까이서 만나고 싶어 하는 청소년들을 위
해 기꺼이 사인을 해주고 사진도 함께 찍어 준다. 처음으로 "오빠, 사
인해 주세요!"라는 말을 들었을 땐 내가 연예인이라도 된 듯 기분이
이상했다. 그러나 내 사인과 내 사진을 보며 그 친구들이 힘들 때 조

금이라도 힘을 얻기를 바라는 마음에 나는 길게 선 줄이 다 없어질 때까지 끝까지 미소를 잃지 않고 열심히 사인을 해준다. 이들이 나를 보고 기쁨과 희망을 얻었다면, 이 중 단 한 명이라도 자신보다 힘든 누군가의 손을 잡아 일으켜 줄 수 있으리라 믿으며.

# 팔레스타인의
# 슬픈 눈망울

"존 시나, 나는 아빠보다 존 시나가 더 좋아."

2011년 여름, 나는 인스파이어 드림(Inspire Dreams)이라는 단체에서 진행하는 팔레스타인 난민촌 영어 캠프에 인턴 교사로 참여했다. 타미르는 캠프 첫 주에 만난 아홉 살 소년이다. 종종 내 뺨에 뽀뽀를 하고 나를 향해 미소를 짓던 타미르는 나를 '존 시나'라고 불렀다. 프로레슬러이자 영화배우인 존 시나를 무척 좋아하는데 마침 내 이름이 '존'이라서 그렇게 부르는 거란다.

그런데 아빠보다 내가 더 좋다니! 깜짝 놀랐다. 왠지 슬픔이 어려 있는 듯한 얼굴이었는데, 나중에 현지 교사를 통해 들은 바로는 타미르의 아빠는 집에서 자주 폭력을 휘두른다고 했다. 아이에게 뿐만 아니라 엄마도 자주 때린다고 했다. 그래서 그런지 타미르는 가족 이야기만 나오면 눈물을 글썽거렸다.

아버지의 부재로 힘들었던 나였기에 타미르의 아픔을 어루만져 주고 싶은 마음이 들었다. 물론 나와 다른 종류의 고난이겠지만 그 어린아이의 아픔이 그대로 내 가슴을 찌르면서 전해져 왔다. 타미르의 아픔을 달랠 수 있는 방법을 고민했지만, 내가 할 수 있는 건 진심 어린 마음을 전하는 것뿐이었다. 겁먹고 두려운 아이에게 세상은 따뜻하고 좋은 곳이라는 사실을 알려 주고 싶었다. 그래서 나는 타미르에게 더 밝게 웃어 주었고 꿈을 가질 수 있도록 자주 대화를 나누었다. 캠프 마지막 날, 나는 애정을 가득 담아 타미르에게 '하비비'라고 불러 줬다. '하비비'는 아랍어로 사랑하는 사람을 뜻하는 말이었다. 그러자 타미르도 똑같이 내게 '하비비'라고 하며 나를 많이 좋아한다고 말했다. 타미르를 꼭 껴안아 주며 마음으로 뜨거운 눈물을 흘렸다. 타미르의 눈망울은 내게 팔레스타인을 떠올릴 때마다 가장 먼저 떠오르는 기억이다.

내가 인턴 활동을 한 '인스파이어 드림'은 2009년도에 미국에서 세워져 팔레스타인 현지인들과 함께 꾸준히 난민들을 돕는 비영리 단체다. 어린이부터 청년들을 대상으로 교육을 통해 평화를 꿈꾸기 힘든 이곳에 희망을 심는 일을 한다. 특히 비폭력, 갈등 해결, 교육, 지역 발전에 초점을 맞춘 프로그램을 만들어서 열악한 환경 속에서 꿈이 없이 자라는 아이들, 청소년들이 미래의 평화를 위해 일할 수 있는 지도자로 자랄 수 있도록 도움을 주고 있다.

매년 여름, 팔레스타인 난민촌 아이들을 위해 진행하는 여름 캠프에는 네 명의 인턴이 선발되어 참가한다. 2011년에는 나를 포함해 타스님, 다나, 마크가 가게 됐다. 우리는 두 달 동안 서안지구에 있는 난민촌 데셰이(Dhesheih), 잘라존(Jalazon), 아스카(Askar)에서 보내며 인스파이어 드림의 목적에 맞는 프로그램들을 운영했다. 20대를 대상으로 영어를 가르쳤고 어린이를 대상으로 풍선 놀이나 종이접기, 음악 수업, 수영 등 재미와 교육을 결합한 다양한 활동을 했다.

이런 난민촌에서 자라는 어린이들은 제대로 된 교육을 받기가 사실상 어려웠다. 학교는 걸핏하면 문을 닫았고 물이나 전기는 자주 끊겼다. 외부의 도움 없이 자생적으로 교육을 제공하고 건설적인 일을 해내기에는 인적, 물적 자원이 많이 부족했다. 가장 심각한 것은 자주 일어나는 어른들의 폭력 시위, 폭격으로 순식간에 건물이 무너지고 집이 없어지는 슬픈 현실 속에서 어린이들이 보고 배우며 꿈꿀 수 있는 것이 너무나 제한되어 있다는 것이었다.

전쟁과 폭력의 어둠이 이 어린아이들의 마음속에 얼마나 큰 그림자를 남겼을까. 내 힘으로 도저히 바꿀 수 있는 게 없어 보이는데, 과연 내가 이들에게 기여할 부분이 있을지 절망적일 때도 있었다. 그러나 이곳에 온 지 며칠 지나지 않아서 깨달았다. 내가 이곳에 온 진짜 이유는 무언가를 가르치고 지식을 전달하기보다 이 아이들을 사랑하고 이들과 우정을 쌓기 위해서라는 것을.

이들 인생에서 이 캠프는 아주 짧은 시간이겠지만 이들의 삶에 작은 변화가 일어날 수 있을 거라는 믿음으로 두 달 간의 캠프를 진행했다. 그리고 나는 그 변화를 아주 여러 번 목격할 수 있었다.

청소년 리더십 아카데미가 있던 한 주는 아주 정신없이 지나갔다. 아홉 시에서 세 시까지 빽빽한 일정이어서 몸은 고단했지만 아이들과 함께하는 시간은 늘 새로웠다.

하루는 내가 이끄는 소그룹 친구들과 함께 팀 이름을 뭐라고 지을지 의논했다.

"애들아, 오늘은 우리 팀 이름을 지을 거야. 다 자리에 앉아서 생각해 보자."

왁자지껄 떠들던 아이들이 내 말을 듣고 자리에 앉을 때마다 나는 눈을 마주치며 고맙다고 말해 주었다. "Thank you"라는 표현은 내가 일상적으로 자주 하는 말이었다. 그런데 한 아이가 내게 물었다.

"선생님, 선생님은 왜 우리한테 의자에 앉으라고 하고 나서 고맙다고 말해요?"

나에게는 당연한 일이었는데, 아이들은 이런 인사를 낯설게 느꼈나 보다. 그때 나는 아이들이 내가 하는 아주 작은 행동이나 말에도 관심을 갖고 있다는 걸 알게 됐다. 고맙다고 말해 주는 것이라든지 다정하게 눈을 마주치는 것과 같은 단순한 것조차 말이다. 그렇다. 나는 팔레스타인의 정치 분쟁을 해결하려고 온 게 아니었다. 그럴 수도 없는 미약한 존재다. 학생들 마음속에 작은 감사와 사랑의 마음을 심어 주려고 온 것이었다.

팔레스타인 난민촌 사람들은 언제 총격 난사가 터질지 모르는 화약고 같은 곳에서 불안에 떨며 산다. 제대로 된 보육 시설이나 교육 시설은 있을 리 만무하고 어른들은 가난 속에서 생계를 유지하느라 바쁘다. 이런 불안정한 사회적 환경 속에서 자라는 아이들에게는 자신들에게 관심을 가져 줄 어른들이 없다. 한창 사랑과 돌봄을 받고 자라야 할 나이에 이들을 보호해 주고 양육해 줄 수 있는 사회적인 인프라가 너무나 부족한 것이다.

그래서 인도주의적인 목적으로 세워진 단체를 통해 만나는 자원봉사자들의 친절한 말 한마디, 관심 있는 행동 하나가 팔레스타인 아이들에게는 다른 무엇과도 바꿀 수 없는 소중한 기억으로 자리 잡을 것이다. 그리고 이들의 마음속에 미래를 꿈꿀 수 있는 씨앗 하나가 될 것이라고 생각한다.


일정이 너무 바쁘고 육체적으로 피곤했던 인턴 생활의 절반이 지날 무렵, 내게 뿌듯함과 감동을 안겨 준 작은 일이 하나 더 있었다. 리더십 수업에서 현지 캠프 교사 중 한 명이 학생들에게 살아오면서 만났던 사람, 혹은 정치인 중 존경하는 리더의 예를 들어 보라고 했다. 그러자 루아라는 학생이 뜻밖에도 '존 선생님'이라고 답했다.

예비 외교관 훈련을 받고 글로벌 리더가 되는 길을 걸으면서 '과연 리더란 무엇일까' 하는 생각을 많이 해왔다. 그리고 과연 나는 어떤 리더가 되어야 할까 고민했다. 진짜 리더는 내가 가진 것으로 권위를 내세우거나 강력한 카리스마로 사람들을 조종하는 것이 아니라, 사람들이 스스로 긍정적인 방향으로 변화를 만들어 나갈 수 있도록 계기를 마련해 주는 사람이라고 생각했다.

그런데 캠프 일정을 소화하면서 점점 힘이 들기도 하고 아이들이 생각보다 많은 걸 배우고 있지 않을 수도 있다는 생각이 들면서 이 과정이 단지 내 스펙과 경력을 쌓는 단계라고만 생각하고 넘어갈 위기에 있을 때였다. 이 아이의 입에서 존경하는 리더가 나라고 하는 말을 들었을 때 너무나 뿌듯하고 행복한 한편, 잠시 잊고 있었던 책임감과 목적이 되살아나고 미래의 내 모습에 대한 다짐을 새롭게 하게 됐다.


인턴 기간의 마지막 주는 잘라존 난민촌에서 20대 초반 정도 되는 다섯 명의 학생들에게 영어를 가르치며 보냈다. 이들은 배우고자 하는 열망이 아주 강했다. 이들이 간절하게 공부하고자 하는 것을 보면서 나도 격려를 받고 도전이 됐다. 하늘도 스스로 돕는 자를 돕는다고 했듯, 나도 열심히 하는 친구들을 보면 더 열심히 도와주고 싶다. 내가 할 수 있는 역할이 바로 이것이라고 생각했다. 이 친구들이 영어를 배워서 더 큰 꿈을 꾸고 교육을 통해 삶의 수준이 조금 더 나아질 수 있다면 내가 할 수 있는 최선을 다해 돕자고 생각했다.

내가 이들에게 끼칠 수 있는 가장 소중한 영향력은 영어 교육보다도 이들 한 명 한 명과 맺은 깊은 우정이었다. 사실, 교사로서의 입장을 넘어 친구이자 형으로서 이들과 친해지면서 조금 힘들었던 일은 내가 소중하게 여기는 가치관과 전혀 다른 가치관을 갖고 있다는 것이었다. 대부분의 일에 대해서는 호의적이고 친절했지만 정치, 종교, 문화적 가치관은 나와 확연하게 달랐다. 때로는 그것이 내가 감당하기에 벅차기도 했다. 하지만 이들과의 진실한 우정은 서로 다른 점이 많음에도 불구하고 값을 매길 수 없을 만큼 귀하고 영원한 것이다.

그동안 공감이란 다른 이들의 마음과 생각에 동의해 주는 것이라 생각했는데, 사실은 그보다 그 사람의 마음을 이해하고 자유를 존중해 주는 것이라는 것을 깨달았다. 아무리 내가 그들의 의견에 동의하지 않더라도 말이다. 훗날 이들이 팔레스타인의 리더가 되고, 나 또한 리더가 되어 만났을 때, 우리의 우정만큼 더 효과적으로 평화를 가져올 수 있는 연결 고리는 없을 거라고 생각한다.


몇 십 년간 해결의 실마리가 보이지 않는 팔레스타인 땅은 정치적 전쟁과 폭력으로 평화가 사라진 지 오래다. 미래에 팔레스타인의 지도자가 될 아이들과 청년들은 미래가 무엇인지, 평화가 무엇인지 꿈꾸기에는 너무나 어두운 현실 속에서 생활하고 있다. 나는 이것을 두 달 동안 이곳 난민촌 사람들과 부대끼며 살면서 절절이 느낄 수 있었다. 그리고 내가 할 수 있는 일은 이들이 리더로 성장하는 데 필요한 지식을 전하는 것뿐 아니라 아이들에게 사랑을 쏟아부어 주는 일, 그리고 진실한 마음으로 우정을 쌓는 일이 더 중요하다는 것을 알게 됐다.

　팔레스타인에서의 두 달 간의 캠프는 앞으로 내가 왜 중동을 위해 일해야 할지 생각해 볼 수 있는 기회였다. 아이들의 마음뿐 아니라 내게도 꿈의 불씨를 지펴 준 것이다.

# 터키에서 한 뼘 자란
# 마음의 키

시큼하면서도 짭짤한 아이란, 그리고 쫄깃한 도우에 독특하고 알싸한 향신료가 입가에서 맴도는 라흐마준. 이 두 가지 음식이 나를 터키로 이끈 중요한 매개체가 됐다. 터키 문화를 처음 내게 맛보여 준 친구는 대학원생 조교였던 굴리즈였다. 보스턴대학교의 '국제 문화 체험의 날' 행사에서는 세계 다양한 나라의 음식을 한자리에서 먹어 볼 수 있었다. 그 자리에서 굴리즈는 달콤한 젤리 과자 한 접시와 짭짤한 요거트 음료인 아이란, 페퍼로니 피자와 비슷하게 생긴 라흐마준을 내게 추천했다.

내 혀는 그날 호강했고 터키라는 미지의 나라와 그 문화에 대한 나의 호기심과 흥미가 조금씩 움트기 시작했다. 그 나라 음식의 맛과 종류만큼이나 다양한 터키의 '시큼 짭짤한' 정치와 '푸짐한' 역사에 대해 더욱 궁금해졌다.

그리고 그 다음 학기에 중동에 관한 수업을 들으면서 터키의 역사와 문화에 한걸음 더 다가가게 되었다. 동양과 서양이 만나는 지점에 자리 잡은 터키는 양쪽 문화로부터 엄청난 영향을 받았다. 동서양이 어우러진 터키라는 나라가, 핏줄은 한국인이지만 이민 3세로 미국에서 평생을 자라 온 나와 어쩐지 비슷하다는 느낌이 들었다. 그래서 이렇게 두 문명이 맞닿아 있는, 역사적으로나 정치적으로 매우 중요한 이 나라에 더욱 끌렸나 보다.

터키의 정치, 사회, 경제 문제에 관해 더 많이 배우고 싶었던 나는 내친 김에 초급 터키어 강의도 수강했다. IIPP 프로그램 중에 해외 기관이나 단체에서 반드시 1년을 일해야 하는 과정이 있는데, 내 마음은 이미 터키에 가 있었다. 평소 교육정책에도 관심이 많았고 교육은 한 사람뿐 아니라 사회와 나라까지도 변화시킬 수 있다고 생각했기에 터키의 대학생들에게 영어를 가르치는 일에 도전해 보고 싶었다. 그래서 풀브라이트 장학위원회와 터키고등교육위원회와 연계하여 진행하는 교육 교환 프로그램의 영어 교사에 지원했다.

2011년 6월 21일, 풀브라이트 측에서 합격 편지가 왔다. 나는 올해로 2년째 이 프로그램을 실시하고 있다는 우샤크대학교로 배정받았다. 편지를 받고 드디어 터키라는 흥미진진한 곳으로 떠날 생각을 하니 가슴이 설레고 앞으로 중동 사회에서 내가 미래에 맡게 될 중요한 역할을 그려 보았다. 중동 지역의 외교관이 되고 싶다는 꿈이 부쩍 가까워진 느낌이었다.

2011년 8월, 터키행 비행기에서 내 인생의 또 한 번의 전환점이 시작되고 있었다.

터키에 도착한 첫 주, 앙카라에서 풀브라이트 교사들을 위한 오리엔테이션이 열렸다. 기조연설로 이 프로그램의 시작을 알린 사람은 다름 아닌 터키에 주재하는 프란시스 리시아돈 미국 대사였다. 내가 직접 대사님을 만나 뵙게 될 줄이야! 중동 외교관을 꿈꾸는 내 눈앞에 터키 대사님이 계시다니 가슴이 설레었다. 그분 또한 미국 정부에서 지원하는 풀브라이트를 통해 이탈리아에서 영어를 가르친 풀브라이트 장학생 출신이라고 하셨다. 이 경험이 대사님에게도 굉장히 유익했고, 전 세계적으로 큰 영향을 끼치고 있는 풀브라이트 프로그램의 사명과 비전을 확신한다는 인상적인 연설로 우리를 맞아 주셨다.

작년부터 우샤크대학교에 파견되는 교사들 숫자가 많이 늘었다고 한다. 덕분에 미국 전역에서 온 다른 지원자들을 만나 새로운 네트워크를 형성할 수 있었다. 우리는 곧 친해졌고 서로 자기의 비전에 대해 나누며 더 큰 미래를 꿈꾸었다.

우샤크대학교에서 우리를 총괄적으로 도와주실 마흐무트 교수님은 대학교의 전반적인 정보와 학생들에게 필요한 것 등에 대해 설명해 주셨다. 이곳 학생들은 거의 원어민 교사들을 접할 기회가 없었다고 한다. 그래서였을까? 처음 학생들을 만난 날, 나는 학생들의 눈빛에서 배움에 대한 열정과 꿈틀거리는 호기심을 느꼈다.

내가 받은 것이 많은 만큼 돌려줄 책임도 크다고 늘 생각해 왔다. 그리고 그 생각을 실천할 수 있는 기회가 와서 매우 기뻤다. 공부해서 남주라는 말도 있지 않은가? 열심히 공부하는 것은 그 자체로도 중요하지만 결국은 그것이 나를 위해서만이 아니라 남들을 위해 쓰일 때 더욱 큰 가치를 발휘한다고 믿는다. 그것을 터키에서 검증할 수 있었다.


미국에서 9·11사태 이후로 중동에 대한 이미지가 매우 나빠졌다는 것은 전 세계가 알고 있는 사실이다. 그래서인지 내 마음속에도 은연중에 편견이 있었던 것 같다. '중동' 하면 '알카에다'가 먼저 떠오르고 극단적인 종교적 자부심에 사로잡혀 자살 폭탄 테러를 일삼는 부정적인 이미지가 있었다. 나도 미국에서 동양인이라는 이유로 차별을 받았으면서, 내 속에도 그들과 똑같은 시각으로 중동 사람들을 바라보고 오해했던 것이다.

터키에 와서 터키 사람들과 어울리면서 내 속에 이런 마음이 자리잡고 있었다는 사실을 깨닫고는 부끄러워졌다. 스스로 높아진 마음의 벽을 허물고 그들보다 우월하다는 생각을 뛰어넘어야만 내가 정치적으로나 외교적으로 중요한 역할을 감당하는 위치에 서게 됐을 때 서로가 윈윈할 수 있는 방법을 이끌어 낼 수 있다는 것을 깨달았다.

아마 누구에게나 이런 마음이 비슷하게 있을 것이다. 한국인들도 탈북자나 외국인 근로자, 다문화 가정에 대한 편견을 겉으로는 드러내지 않더라도, 무의식중에 경제적, 문화적으로 우월하다는 생각이 깔려 있을지 모른다. 대한민국이 강국이 되어 가면서 국제적 위상이 높아지고 있는 만큼 의식 수준과 도덕 수준 또한 높아져야 한다. 그렇게 되려면 나부터 자만심을 깨뜨려야 한다. 그들을 변화시키거나 바꾸어야 한다는 생각이 아닌, 우리는 다 똑같은 사람들이라는 마음가짐을 가져야 한다고 생각한다.

나는 학교에서 제공해 준 숙소에서 살았는데 룸메이트는 하릴 이브라힘 오즈라는 친구였다. 하릴은 전통적인 이슬람 가정에서 태어나고 철저한 이슬람 문화 속에서 자랐지만 대학에 들어오면서 무교가 되었고 다양한 종교에 대한 관심을 갖게 되었다. 특히 내가 기독교인이라는 것을 알고 기독교에 대한 질문을 많이 해왔다. 나는 목사도 아니고 신학을 공부하지도 않았지만, 내가 경험하고 알고 있는 신앙에 관한 많은 것들을 말해 주었다.

그러던 어느 날, 하릴이 일주일 만에 터키어로 된 신약성경을 다 읽었다고 말했다. 놀라지 않을 수 없었다. 하릴은 기독교에 대해 꾸준히 호기심을 보여서 이후에도 많은 대화를 나눴다. 내가 터키에 오게 된 것이 우연이 아니고 하늘의 뜻이 있을 거라는 이야기를 먼저 꺼내자 하릴도 나를 만난 것이 신기하고 뭔가 이유가 있을 것 같다고 말을 이으며 내게 고맙다고 했다. 내가 하릴에게 내 신앙을 강요할 수는 없지만, 우리의 대화를 통해서 내가 소개하는 하나님을 하릴이 자연스럽게 만날 수 있기를 바랐다.

5월 10일은 내 생일이었다. 룸메이트 하릴, 풀브라이트에서 파견되어 온 친구들, 그리고 오슬렘, 카디르, 푼다, 세이다 등 우리 반 학생들이 함께 조촐하게 나의 생일 파티를 해주었다. 비록 고향에 있는 가족과 오랜 친구들이 그리웠지만, 난생 처음 와본 낯선 타지에서 새로이 사귄 친구들과 차를 마시고 케이크를 먹으면서 오랜만에 여유를 즐길 수 있는 것만으로도 행복했다.

터키에서 보낸 1년 동안 신기하게도 터키 사람들과 터키 문화에 흠뻑 빠져들었다. 그런데 마침 우샤크대학교 측에서도 내게 1년간 더 있어 달라고 요청해 왔다. 풀브라이트와 터키 정부에 의해 초청을 받아 이곳에 올 수 있었는데 이런 기회가 또 생기기는 어려울 것이라 생각해 1년 더 학교에 남기로 마음먹었다.

주말마다 친구들과 터키의 주요 도시를 여행하고 터키의 숨결을 더욱 가까이 느끼며 터키에 애정이 싹텄다. 가는 곳마다 특이한 성벽과 건축물, 자연 경관, 역사의 흔적이 곳곳에 남아 있었다. 동서양이 교차하면서도 일관된 문화가 공존하고 있었다. 다양한 곳을 여행하면서 정교하고 웅장한 자연에 감동하기도 하고 아름다운 경치에 넋을 잃기도 했다. 나는 터키가 나의 제3의 고향이라는 생각까지 들만큼 터키에 푹 빠졌다.

터키에서 생활하면서 가장 좋은 외교 정책은 바로 언어라고 생각했다. 문화 전도사라고 할 수 있는 현재 나의 역할을 더 잘하려면 터키 사람들과 친해지고 융화되는 것이 우선이라 생각한다. 그러기 위해서는 문화의 가장 기본이라 할 수 있는 그들의 언어를 배워야 한다. 그래서 나는 현지인들이 자주 사용하는 표현이나 숙어, 문장들을 익히려고 노력했다. 공적인 일로 만나는 사람들이 아닌, 일상생활에서 만나는 은행 직원이나 상점 직원과도 될 수 있으면 많이 대화했다. 그렇게 하니 사람들도 내게 호감을 보이고 친해질 수 있는 좋은 계기가 되었다.

한국계 미국인으로서 터키에서 생활하면서 또 알게 된 점은 사람들은 내가 미국 국적을 갖고 있다는 점을 잊어버리고 한국인으로서의 정체성만을 인정하는 것이다. 동양계 미국인은 생김새 때문에 어딜 가나 아마 현지인으로부터 그런 반응을 얻을 것이다. 터키 사람들은 내게 늘 한국에 대해서만 질문했다.

"한국에서 동방신기 콘서트 가본 적 있어?"

"너도 매운 음식 잘 먹어?"

처음에는 이러한 반응에 '나는 풀브라이트에서 엄연한 영어 교사로 파견되어 왔는데, 왜 나를 동양인으로만 볼까?' 하며 내심 섭섭하기도 했다.

그런데 반대로 생각해 보니, 좋은 점도 있었다. 중동에서는 미국에 대해서 좋지 않은 이미지를 갖고 있는 경우가 많은데 나의 외모가 한국인이기 때문에 오히려 그들은 내게 마음을 더 빨리 열었다. 그리고 나와 공감대를 가질 수 있는 부분이 더 많았다.

게다가 한류 바람이 얼마나 뜨거운지 학생들은 내게 한국어를 가르쳐 달라고 너도나도 모여들었다. 이미 한글을 인터넷으로 배워서 잘 알고 있는 학생도 있었다. 그래서 따로 짬을 내어 한국어를 가르치기 시작했다. 물론 공식적인 수업은 아니고 자원봉사로 가르쳐 주기로 한 것이다.

나는 터키에서까지 한국 드라마를 일일이 다 다운 받아 챙겨 볼 만큼 한국 대중문화의 열광적인 팬이다. 한국 걸그룹을 줄줄 꿰고 있고 연예인들의 시시콜콜한 이야기들도 웬만큼 다 알고 있어서 이런 이야기들을 몇 마디 해주면 학생들은 너무나 재미있어하고 나를 좋아해 주었다.


나는 한국계 미국인이라는 점을 강점으로 삼기로 했다. 그리고 더 강한 책임감으로 마음을 다졌다.

'나는 미국뿐 아니라 한국을 대표하는 사람이다.'

그들은 나를 통해 한국을 볼 것이다. 나의 외양뿐 아니라 나의 태도를 통해서도 그들은 한국의 이미지를 그릴 것이다. 많은 터키인들이 평생 미국인이든 한국인이든 한국계 미국인이든 만날 기회가 없기 때문이다. 이곳 터키에서의 시간은 미국을 대표해서 이곳에 왔지만 한국을 대표하기도 한다는 나의 중요한 위치를 되새기게 한다.

# Part 4

# 한국계 미국 대통령을 꿈꾸며

# 내 인생의
# 밑그림

나는 아버지가 집을 나가신 후로 사춘기를 지나면서 매우 힘든 시간을 보냈다. 집안의 유일한 남자로서 엄마와 누나, 동생을 돌봐야 한다는 부담도 은연중에 있었고, 나의 환경이 이해되지 않아 몸도 마음도 많이 아프고 방황도 했다. 하지만 그런 중에도 나에게는 확실한 방향을 제시해 준 롤모델이 있었기 때문에 크게 엇나가지 않고 목적과 비전을 붙잡을 수 있었다고 생각한다. 인생에서 롤모델이 될 만한 사람을 만나고 찾는 것은 매우 중요하다. 나보다 조금 더 인생을 먼저 살며 세상을 경험한 사람들에게서는 반드시 배울 점이 있기 때문이다.

내 첫 번째 롤모델이자 멘토는 나의 누나다. 앞에서도 말했지만 누나는 내 곁에서 내게 가장 많은 영향을 주었다. 어릴 때부터 누나가 친구들과 함께 공부하고 운동하는 모습을 지켜보면서 나는 누나가 하는 모든 걸 따라 했다. 누나가 들어간 보스턴대학교까지 따라갔으니 내게 끼친 누나의 영향력은 대단하다. IIPP 펠로우십 프로그램에 대한 정보를 나보다 먼저 듣고 알려 준 사람도 누나였다.

롤모델을 멀리서 찾을 필요는 없다. 자기의 가장 가까운 형제나 자매, 그렇지 않다면 학교나 교회 등에서 자주 만나는 사람 중에서 롤모델을 삼을 사람을 찾아보길 바란다. 처음부터 대단한 위인들을 롤모델로 삼으려고 하면 나와 동떨어진 사람이기에 동기부여가 되지 않을 수도 있다. 유명하지 않더라도 내게 현실적으로 가까이서 조언해 주고 시시때때로 가서 궁금한 점이나 고민거리를 상담할 수 있는 사람이 내게 가장 훌륭한 멘토이자 롤모델이 될 수 있다.

나의 또 한 명의 롤모델은 바로 샘 윤(Sam Yoon)이다. 대학에 들어가 그에 대한 이야기를 처음 듣게 되면서 그 사람을 닮고 싶다는 생각이 들었다. 샘 윤은 미국 내 차세대 한인 리더로 떠오르는 사람으로, 2005년도 동양계 미국인으로는 처음으로 보스턴 시의원에 뽑혔다. 2009년, 샘 윤이 시장 선거에 출마했을 때 나는 그의 캠프에서 선거운동을 도왔다. 선거 본부에서 후원자들을 모집하고 기부자들에게 감사 편지를 쓰며 각종 잡무를 처리하면서 선거 현장이 어떻게 돌아가는지 현장에서 생생하게 보았다. 내가 존경하는 사람을 가까이서 지켜볼 수 있는 기회이기도 했다. 옆에서 지켜본 그는 대단한 인품과 능력을 소유했으며, 선량하면서도 똑똑한 사람이었다.

프린스턴대학교와 하버드대학교의 존 F. 케네디스쿨을 졸업한 샘 윤은 보스턴의 발전과 안정적인 주택 공급에 힘써 왔다. 특히 장애인들을 위한 주택을 확보하는 데 기여하기도 했다. 또한 3,500만 불에 이르는 예산을 시민 안전을 위해 사용하는 법률을 제출했고 지속적으로 청소년들의 폭력 예방을 위한 일에 투자하는 데 힘쓰고 있다.

나와 같이 한국계 미국인이고 크리스천인 샘 윤이 가장 우선순위로 두고 추진했던 일은 가난한 사람들을 돕는 일이었다. 시 예산안을 투명하게 관리하며 시청에 혁신을 불러일으킨 것으로 인정받고 있는 샘 윤은 정직하고 청렴한 정치인의 본보기였다.

내가 지켜본 샘 윤은 자기의 이익이나 사사로운 감정에 의해 정치를 하는 사람이 아니었다. 당장은 눈앞에 결과가 보이지 않는 일이라 할지라도 장기적으로 시민의 안전을 위한 일, 시민의 삶의 질이 향상될 수 있는 일에 예산을 투자하고 시행하는 사람이었다.

아무리 깨끗하고 올곧은 사람도 권력이 생기고 사회적 위치가 올라가면 책임감 있는 일을 하기보다는 자신이 누릴 수 있는 것에 더 현혹되는 것을 보아 왔다. 그런데 샘 윤은 선한 마음을 가지고 시민들의 삶을 구체적으로 향상시키는 일에 헌신하고 실천하는 정치인이었다. 나는 그와 같은 리더가 더 많아지기를 바라고, 나 또한 그런 사람이 되기를 간절히 원하고 있다.

마지막으로 내가 존경하고 닮고 싶은 사람은 콜린 파월(Colin

Powell)이다. 국무장관으로서 강력한 리더십을 발휘했던 콜린 파월은 정직하고 성실한 인품으로 많은 미국인에게 귀감이 되고 있다. 흑인 최초로 국무장관이 되었던 콜린 파월을 통해 나도 유색인종으로서 큰 영향력을 끼치는 사람이 될 수 있다는 가능성을 보았다.

오바마 대통령 취임식에 참석했을 때, 백악관에서 초청한 대학생들을 위한 행사가 있었다. 그곳에서 콜린 파월이 연설하는 장면을 직접 보았다. 확신에 찬 당당한 목소리로 연설하던 그의 모습은 좀처럼 잊을 수 없다. 그는 그곳에 모인 학생들에게 어디에 있든지, 어떤 일을 하든지 최선을 다할 것을 당부했다. 그리고 학생 신분으로서 대학에서 받을 수 있는 최선의 교육을 받으라고, 누릴 수 있는 기회들을 절대 놓치지 말라고 강력하게 전했다.

어찌 보면 누구나 할 수 있는 평범한 이야기였지만 그날 내 귀에 울렸던 그의 목소리는 그 무엇보다도 깊은 감동을 주었다. 연설 속에 그의 진심이 담겨 있었기 때문이다. 나는 내가 서 있는 곳에서 혼란을 느끼거나 앞으로 나아가야 할 이유를 잠시 잊어버렸을 때 그의 연설을 되새기곤 한다. 그러면 신기하게도 새 힘이 생기는 것 같다.

내가 방황하며 가장 힘든 시간을 보낼 때 하늘은 온통 잿빛이었고 힘들어 숨을 쉴 수조차 없었다. 그러나 그 존재만으로도 힘이 되어주는 이러한 사람들이 있었기에 나는 다시 꿈을 꾸고 앞으로 나아갈 수 있었다. 나도 누군가에게 그런 존재가 되고, 내 삶이 누군가에게 도전이 되고 희망이 될 수 있다면 그보다 더 큰 기쁨은 없을 것이다.

# 내가 한국에서
# 태어났다면

언젠가 청소년들을 위한 세미나에 가서 이런 질문을 받은 적이 있다.

"만약 최성찬 씨가 한국에서 태어났다면 미국 외교관이 될 수 있었을까요?"

대답은 당연히 'NO'이다. 그 이유는, 내가 한국에서 태어났다면 한국 국적을 갖고 있었을 것이고 미국이 아닌 한국의 외교관이 되었을 테니까!(물론 장담할 수는 없지만.)

위와 같은 질문 속에 숨어 있는 뜻을 나도 잘 알고 있다. 미국과 같이 좋은 교육 환경의 혜택을 받았으니 그 모든 것이 가능하지 않았겠냐는 약간의 부러움과, 한국의 입시 위주의 교육 환경에 대한 회의가 다분히 섞여 있다는 것을. 그러나 생각해 보면 미국에서 태어나고 자랐다고 해서 누구나 외교관이 될 수 있는 것은 분명 아니다. 나는 내게 주어진 환경과 상황에 감사하며 내가 할 수 있는 최선을 다했을 뿐이다. 미국에서 태어난 것도 내가 택한 것이 아니었고, 내가 어렸을 때 아빠가 집을 나가신 것도, 넉넉하지 못했던 가정환경도 모두 내가 선택한 것은 아니었다.

내가 어렸을 때 우리 집은 물질적으로 풍요롭지 못했다. 아빠의 빈자리는 나머지 가족들이 아무리 노력해도 영원히 채워지지 않을 것 같았고, 우리 가족은 꽤 오랫동안 그 빈자리를 눈물로 대신 채워야 했다. 비록 잠깐이었지만 당장 내일 먹을 것을 걱정해야 하는 때도 있었고, 오로지 자녀들을 먹여 살리기 위해 고생스럽게 일하시는 엄마를 보며 우리도 매사에 근검절약할 수밖에 없었다. 그래서 필요하지 않은 것은 절대로 사달라고 조르지 않았다. 때로는 돈을 아끼기 위해 먹고 싶은 간식과 군것질마저도 참곤 했다.

우리 삼남매는 가정 형편상 사립학교에 다닐 수 없어 초, 중, 고 모두 공립학교에 다녔지만 열심히 공부하여 모두 명문대에 진학했다. 학교에서 제공하는 방과 후 프로그램들을 적극적으로 이용하며 각종 악기와 운동을 두루 배웠고, 집에서는 한국인으로서의 긍지와 인내, 그리고 한국식 예절을 배웠다. 자율성과 창의성을 중요시하는 미국식 학교교육에, 예절과 인내를 중요시하는 한국식 가정교육의 장점이 더해진 것이 우리 삼남매의 교육 환경이었다.

또한 나는 미국에 살면서 눈에 보이는, 혹은 보이지 않는 인종차별을 숱하게 경험해 왔다. 미국은 워낙 다양한 인종의 사람들이 모여 사는 나라지만 미국 사회의 주류를 형성하고 있는 백인들(WASP: White Anglo-Saxon Protestant)의 영향력은 여전히 막강하다. 한국의 위상이 점점 높아지고 있다고는 하지만, 미국의 주류 사회에서 한국계 미국인이 설 수 있는 자리는 그다지 많지 않다. 나와 같은 한국계 친구들 중에 의사, 변호사가 되고 싶어 하는 친구들은 많지만 나처럼 정치에 관심을 둔 친구들은 극소수다. 그것은 유색인종들이 도전하기에는 너무나 어려운 분야라는 것을 모두 알기 때문이다.

이처럼 나는 내가 선택할 수 없는 환경 속에서 좌절하기도 했지만 곧 마음을 바꾸었다. 내가 한국인 이민 3세로 미국에서 태어난 것도, 내가 어찌할 수 없던 환경들이 나에게 주어진 것도 분명 어떤 목적이 있을 것이라는 생각에서였다. 그래서 나는 내가 가진 것에 감사하기로 했다.

적당한 가난은 나를 겸손하게 만들었을 뿐 아니라 나보다 어려운 사람들의 형편을 깊이 이해할 수 있도록 해주었고, 아버지의 부재와 그로 인한 어려움들은 나를 더욱 강하고 성숙하게 만들어 주었다. 힘들게 일하며 돈을 버시는 어머니를 보며 노동의 숭고함과 돈의 귀중함을 깊이 깨달았고, 내가 당한 차별을 통해서는 다른 여러 가지 이유로 차별받는 수많은 사람들의 아픔을 생각하게 되었다. 그래서 나는 나에게 주어진 모든 환경과 내가 겪은 고난, 아픔들에 진심으로 감사한다. 그것들이 없었다면 지금의 나도 없었을 테니까.


나는 나의 뿌리가 대한민국이라는 것이 자랑스럽다. 특히 전 세계에 한류 열풍이 불고 있는 요즘은 더욱 그렇다. 한국은 무척 역동적이면서도 생명력이 있는 나라다. 중동에서 인턴을 할 때나 유럽 여행을 할 때도 '한국' 하면 누구나 알아주었고, 한국어 한두 마디 정도 할 수 있는 사람도 많이 만나 보았다.

대학에서 들은 경제학 수업에서, 아시아 경제 발전에 대해 잠깐 다룬 적이 있었다. 6·25전쟁 직후인 60여 년 전만 해도 가난과 기아와 질병에 허덕이는 후진국이었던 한국이 짧은 시간 안에 전 세계가 놀랄 만한 경제 성장을 이루었다는 점을 굉장히 자세하게 짚고 넘어갔다.

IMF 때의 전 국민 금 모으기 운동이나 2002년 한일월드컵을 통해 보여 준 뜨거운 국민성은 미국뿐 아니라 전 세계에서 주목했다. 또한 우리 어머니를 통해서도 볼 수 있듯이, 한국인 하면 성실하고 책임감 있으며 헌신적이라는 이미지가 알려져 있다. 나는 이제 대한민국이 여느 선진국과도 견줄 수 있는 나라가 되었다고 생각한다. 전쟁으로 피폐하고 가난하여 선진국의 원조를 받던 나라에서 다른 나라를 원조하는 나라로 탈바꿈한 세계 최초의 국가가 바로 한국이다.

단적인 예로, 한국 컴패션이라는 단체를 보면 알 수 있다. 어느 한 미국인 목사가 한국에 있는 미군들을 위로하러 왔다가 열악한 환경에서 굶어 죽어 가는 어린이들을 보고 충격을 받아 미국으로 돌아가 후원자를 모아 한국 어린이와 가정을 살리는 단체를 만들었다. 그것이 바로 '컴패션'이다. 외국의 원조를 받던 한국이 여러 수혜국 중에 유일하게 후원국이 되었다.

나는 대한민국이 비록 국토는 작지만 세계적으로 유명한 인물들을 배출하고 있는 것이 정말 대단하다고 생각한다. 피겨스케이팅으로 세계를 사로잡은 김연아 선수, 뛰어난 수영 실력으로 세계를 제패한 박태환 선수, 세계적인 축구 스타 박지성 선수, 반기문 UN 사무총장, 세계적인 성악가 조수미, 신영옥, 바이올리니스트 장영주, 첼리스트 장한나 등. 유명한 이들뿐 아니라 내 주변의 한국계 미국인들도 대단한 활약으로 미국인들을 놀라게 한다. 한국 사람들의 뛰어난 두뇌와 의지, 실력은 세계 어느 나라 사람도 쉽게 따라오기 어려운 것 같다.

한국은 문화적으로도 한류 열풍의 진원지가 되었을 만큼 놀랍게 성장했다. 한국의 영화, 드라마, 뮤지컬 등 대중문화는 한국적인 색깔을 담고 있으면서도 세계인들에게 어필할 수 있는 콘텐츠를 갖추었고, K-POP은 비주얼과 실력을 기반으로 하여 전 세계적으로 가장 뜨거운 아이템이 되었다. 가장 한국적인 것이 가장 세계적이라는 말이 이제 눈앞의 현실로 이뤄진 것이다. 한국은 아시아 끝자락에 붙어 있는 아주 작은 나라지만 이제 그 영향력은 매우 커졌고, 전 세계의 주목을 받고 있다.

그러나 이 모든 것들이 저절로 이루어진 것은 아닐 것이다. 한국인의 열정, 교육열, 능력 등도 뛰어나지만 그 모든 것의 바탕에는 예절과 효도와 우애 등 사람을 중요시하는 마음이 기본적으로 깔려 있었다. 사람들은 '정'과 '한'이 한국인 특유의 정서라고 하지만, 그 문화와 표현 방법이 다를 뿐 '정'과 '한'은 누구나 느낄 수 있는 인류의 보편적인 정서라고 생각한다. 거기에 무조건적인 자유나 방임이 아니고 보수적이거나 폐쇄적이지도 않은, 적절하고도 균형 있는 사람들의 마음이 있었기 때문에 세계적인 공감대를 얻는 문화 콘텐츠를 만들어 낼 수 있는 것이라 생각한다.

이제 한국의 국제적 위상은 달라졌고, 나는 앞으로 대한민국이 세계 속에서 감당할 역할들이 무궁무진하다고 생각한다. 그래서일까. 나는 이따금 한국에서 태어나고 자란 친구들이 진심으로 부럽다. 어떤 이들은 미국에서 나고 자란 나를 부러워하지만, 나는 한국인으로서의 자긍심을 늘 잊지 않는다. 그리고 나는 그러한 한국 고유의 문화를 누리고 자란 친구들에게 한국인으로서 받은 혜택을 마음껏 누리라고 이야기해 주고 싶다.

지금 각자 있는 곳에서 주어진 것에 감사한 마음을 갖고, 자신의 더 나은 미래를 향해 진취적으로 나아가길 바란다. 특히 한국인으로서의 자긍심을 키워 세상 속에서 긍정적인 역할을 하는 반짝반짝 빛나는 리더로 성장하길 기도한다.

# 미국의 외교관이
# 된다는 것은

---

　나의 현재 꿈은 그동안의 경험을 발판으로 삼아, 미국의 외교관이 되어 중동 지역에 파견되는 것이다. 팔레스타인 서안지구 난민촌에서 캠프 교사로 활동하고 터키에서 영어 교사로 학생들을 가르치는 것도 그 꿈을 이루기 위해 세계를 보는 시야를 넓히고 국제 관계에 대한 이해를 깊게 하는 과정이다. 중동에 대한 관심을 갖게 된 계기는 고등학교 때 이스라엘과 팔레스타인 간의 분쟁을 담은 다큐멘터리 〈프라미스 *Promises*〉를 보게 된 것이다.

　이 다큐멘터리는 중동 서안지구와 예루살렘에 사는 어린이 일곱 명의 시각에서 바라본 이스라엘과 팔레스타인의 갈등을 그렸다. 평범한 아이들이 어른들의 편견과 갈등의 선입견에서 벗어나 서로 어울리도록 했을 때 우정이 자라는 모습이 담겨 있었다.

이 영화를 통해 팔레스타인 지역의 뿌리 깊은 갈등을 보면서 내가 앞으로 공부하고 싶은 분야는 중동이라고 어렴풋이 결심했고 중동 지역의 평화에 기여하는 일을 하고 싶다는 생각을 처음 했다.

그런 경험이 있었기 때문일까. 나는 보스턴대학교에서 나는 국제정치학을 전공했다. 보스턴대학교에서는 국제정치학 전공만 유일하게 입학하고 나서 에세이와 추천서, 다시 한 번 면접을 통과해야 한다. 그래서 2학년 1학기 때부터 본격적으로 국제정치학과에서 공부를 시작했고 중동 지역에 포커스를 맞추어 수업을 들었다. 그 후 예비 외교관 장학생에 선발되는 영광을 얻게 되면서 내 꿈은 현실로 한걸음 발돋움했다.


터키의 우샤크대학에서 영어를 가르칠 때 자주 들은 말이 있다.

"존, 너는 다른 미국 사람들과는 다른 것 같아. 그 이유가 뭐야?"

그들이 이렇게 묻는 이유는 내가 중동에 대한 편견이 있었듯이, 그들도 미국에 대한 나쁜 선입견과 편견이 있기 때문이다.

그때마다 나는 이렇게 대답했다. 첫째는 내가 하나님을 믿기 때문이고, 두 번째는 미국 사람들 중에도 '착한' 사람들이 있다고 말이다.

내가 중동 사람들에 대해 미국인의 시각으로 바라보며 나도 모르게 편견을 갖고 있었던 것처럼, 중동 지역 사람들도 대부분 미국에 대해 안 좋은 감정을 가지고 있다. 미국 정부에 대한 반감도 크다. 그런데 나를 만나고 미국에 대한 생각이 달라졌다는 친구들의 이야기를 들을 때마다 내가 해야 할 일이 무엇인지, 어떤 사람이 되고 싶은지가 더욱 분명해졌다.

너무나 깊은 골이 생긴 두 문화 사이의 간극을 좁히고 국가 간의 분쟁과 미움을 줄일 수 있는 일을 한다면 가치 있는 삶이 되지 않을까.

사실 외교관이 되고 싶다는 생각은 내가 자라난 애틀랜타에서 이미 시작됐다고 생각한다. 내가 자각하기도 전에 어쩌면 자연스럽게 외교관으로서의 마음가짐이 생겼는지도 모른다. 물론 그때는 '외교관'이라는 단어도 몰랐고 그런 직업이 있는지도 몰랐지만 말이다.

내가 자란 애틀랜타는 우리 가족이 1992년도에 뉴저지에서 이사를 올 때만 해도 한국 사람들이 그렇게 많지 않았다. 그런데 서서히 애틀랜타에 다양한 국적의 사람들이 이민을 오기 시작했다. 백인 위주였던 지역에서 시간이 흐르면서 점점 한국인, 백인, 베트남인, 인도인 등 다양한 민족이 섞이는 모습을 보아 왔다. 특히나 한국 교민은 폭발적으로 늘어났다. 초등학교에 들어가서 학년이 바뀔수록 점점 같은 반에 한국 성을 가진 친구들이 많아졌다.

자라면서 미국 사회 내에서 여러 인종 간의 어려움이나 갈등이 있다는 사실을 알게 됐고, 한국 사람들의 사회적 입지와 목소리를 대변할 수 있는 사람이 필요하다는 생각을 어렴풋이 하게 됐다. 특히 애틀랜타가 속한 조지아 주는 백인이나 흑인의 입장을 대변하는 정치적 입지는 높은 편이었지만, 아시아인, 특히 한국계 미국인의 목소리는 그 사회 속에서 묻힐 수밖에 없었다. 이민 2세들이 늘어나면서 급성장한 한국계 미국인들을 대표해 줄 수 있는 정치적 목소리가 필요하다고 생각했고 내가 그 역할을 하고 싶다는 생각을 했던 것이 국제 관계에 대해 눈을 뜬 계기라 할 수 있다.

그렇게 시작한 외교관의 꿈은 대학에 가서 서서히 중동이라는 특수한 지역으로 초점이 좁혀졌다. 하지만 근본적으로는 한국과 미국의 가교 역할을 해야 한다는 생각을 하지 않은 적은 없다. 앞으로 미국의 정치, 외교 분야에서 한국계 미국인의 참여를 이끌어 내는 역할뿐 아니라 미국과 한국의 관계에도 긍정적인 영향을 끼치는 역할을 할 수 있을 거라 생각했기 때문이다.

나는 지금까지 내가 태어난 미국 말고도, 한국, 중국, 일본, 이스라엘, 팔레스타인, 터키, 요르단, 남미, 유럽 등 많은 나라에 가보았다. 그런데 거기서 만난 사람들은 내 겉모습을 보고 나를 온전한 한국인이라고 생각했다가, 내가 미국 국적을 갖고 있다는 사실을 알면 나에게 이렇게 묻곤 한다.

"넌 한국이 좋아, 미국이 좋아? 어느 나라를 더 사랑해?"

참 난감한 질문이 아닐 수 없다. 그럴 때마다 나는 이렇게 대답한다.

"나한테 미국은 아빠 같은 나라고, 한국은 엄마 같은 나라야."

정말 그렇다. 내게 미국이 좋냐, 한국이 좋냐 묻는 건 "엄마가 좋아, 아빠가 좋아?"라고 묻는 것과 똑같다. 나는 엄마와 아빠 두 분 다 사랑하지만 각각 다른 방식으로 사랑하고 있다. 미국과 한국도 마찬가지다. 나는 나의 뿌리인 대한민국이 자랑스럽고, 우리 부모님께 한국인의 핏줄을 물려받은 것이 감사하다. 동시에 나는 미국에서 태어났고, 미국이 아니었다면 쉽게 얻지 못할 교육의 기회들을 얻었다. 그래서 나는 내가 한국계 미국인이라는 사실이 감사하다.

어렸을 때부터 가장 한국적인 교육을 받은 것은 내 강점이다. 어머니는 우리 삼남매에게 웃어른 공경하는 자세와 예의를 가르치셨다. 때로는 어머니가 친구 분들을 만날 때도 몇 시간씩 그 옆에 앉아서 어른들의 이야기를 들었다. 그때는 잘 몰랐지만 내가 사회 경험을 통해 높은 관직에 있는 사람들을 만날 때마다 그때 그렇게 단련되었던 것이 다 내게 유익하다는 것을 알게 됐다.

물론 동양인의 외모 때문에 미국이나 해외에서 차별을 받은 적도 있지만 나는 내가 늘 그래왔듯이 약점을 강점으로 바꾸기로 했다. 그것을 나의 최대의 강점이자 경쟁력으로 삼기로 한 것이다. 내가 외교관의 꿈을 갖게 된 것도 한국계 미국인이라는 고유한 정체성이 없었다면 불가능했을 것이기 때문이다.

# 글로벌 리더의
# 13가지 자질

나는 한국계 미국인이기 때문에 어릴 때부터 국제적인 마인드를 갖고 자랐다고 분명히 말할 수 있다. 내가 태어나고 자란 곳이 이 세상의 전부가 아니라, 지구 반대편에 내 뿌리이자 내 부모님의 고향이 있다는 사실을 늘 생각할 수밖에 없었다. 내가 한국계라서 놀림을 받았던 일도, 집에서는 항상 김치나 된장찌개 냄새가 났던 것도, 부모님이 한국어로 대화하시던 일들도, 내가 미국 사회 속에서 한국계 미국인이라는 정체성을 더욱 의식하고 살 수 있도록 해주었다. 그리고 소수민족의 목소리, 특히 정치적으로는 아직 미약한 한국계 미국인들의 목소리를 대변하는 일을 하고 싶다는 꿈을 키울 수 있었다.

그런 꿈이 있었기에 지금까지 열심히 살아왔고, 이제 세계무대에서 일하기 위한 계단을 밟고 있는 것이다.

미국 외교관은 원래는 복잡하고 긴 절차와 공정한 시험을 거쳐서 공채 형식으로 선발하지만, IIPP 펠로우십 프로그램 출신들은 특별 채용으로 외교관이 될 수 있다. 이들은 외교관으로서 필요한 자질을 모두 갖추고 있다고 인정되어 필기 시험을 면제받고 면접만 보면 되는 것이다.

그렇다면 미국 정부에서 외교관으로서 필요하다고 보는 자질은 무엇일까? 미국 국무부에서는 자신들이 원하는 인재상을 구체적으로 제시하며 기술과 능력과 성품 면에서 열세 가지를 꼽는다.

### 침착성

스트레스 상황이나 어려운 상황에서 침착하고 균형 있는 마음을 유지할 수 있는가? 현실적인 사고를 하고 급변하는 상황에 적응하며, 흔들리지 않도록 자신을 조절할 수 있는가?

### 문화 수용성

다양한 문화, 가치 체계, 정치적 신념, 경제적 상황을 가진 사람들 사이에서 효과적이고 조화롭게 일하고 소통할 수 있는가? 새로운 문화 환경을 파악하고 존중할 수 있는가?

### 경험과 의욕

외교 업무와 관련한 이전의 경험을 통해 지식이나 기술이나 다른 특징을 증명할 수 있는가? 외교 업무를 하는 데 부합하는 의욕을 갖고 있는가?

### 정보 통합 및 분석 능력

방대한 자료에서 핵심 정보를 추려내고 복잡한 사항을 이해하고 받아들일 수 있는가? 입수 가능한 정보를 분석하고 조합하여 합리적인 결론을 이끌어 낼 수 있는가? 정보의 중요도, 신뢰도, 활용도를 평가할 수 있는가? 회의나 사건에 대해 기록하지 않아도 세부 사항을 기억할 수 있는가?

### 주도성과 리더십

반드시 해야 하는 일에 대해 인식하고 책임감을 가지는가? 업무를 완수하기 위해 집요하게 노력하는가? 팀 내 활동이나 방향이나 의견에 중요한 영향을 끼치는가? 누군가 이끄는 활동에 사람들이 참여하도록 동기를 유발하는가?

### 판단력

주어진 상황 속에서 어떤 대안이 적합하고 실용적이며 현실적인지 분별할 수 있는가? 다양한 요구가 공존할 때 무엇이 상대적으로 더 유익한지 판단할 수 있는가?

### 객관성과 진실성

공정하고 정직한가? 속임수나 편애나 차별이 없는가? 현안을 주관적인 편견 없이 솔직하고 충분히 제안하는가? 사적인 편견 없이 일하는가?

### 구두 소통 능력

간결하고 문법적으로 옳으며 조직적이고 명확하고 설득력 있는 방식으로 유창하게 말하는가? 의미의 뉘앙스를 정확하게 전달하는가? 청중과 목적에 적합한 소통 방식을 적절히 활용하는가?

### 계획 및 조직 능력

효과적으로 업무를 순서에 맞게 진행하는가? 목표를 달성하기 위해 체계적으로 접근하는가? 한정된 자원을 적절하게 활용하는가?

### 질량적 분석

자료를 파악하고 모으고 분석하여 올바른 결론을 이끌어 낼 수 있는가? 수량적 데이터에서 패턴이나 트렌드를 파악할 수 있는가? 간단한 수학적 계산을 할 수 있는가?

### 지략 능력

문제를 해결하기 위한 창조적인 대안이나 해결책을 고안할 수 있는가? 예상하지 못한 상황에서 유연하게 대처할 수 있는가?

### 다른 사람들과의 협력

사람들과 건설적이고 협조적이며 조화로운 태도로 교류하는가? 팀으로서 효과적으로 일하는가? 사람들과 긍정적인 관계를 쌓고 신뢰를 얻는가? 적절하게 유머를 활용하는가?

### 작문 능력

정해진 시간 안에 간결하고 조직적이고 문법적으로 맞고 효과적이고 설득력 있게 글을 쓸 수 있는가?

이와 같은 자질을 충분히 갖추고 있다고 판단되는 사람이 미국의 외교관이 되기에 적합하다고 외무부에서는 말하고 있다. 나는 IIPP 프로그램을 통해 지금까지 여기에 나온 여러 조건을 갖추는 훈련을 했다고 생각한다. 주제에 맞게 논리적으로 글을 쓰거나 말로 전달하는 법, 인턴십을 통해 공동의 목표를 가진 사람들과 함께 일하는 법, 다양한 문화적 배경, 종교, 정치적 신념을 가진 사람들을 이해하고 그들과 조화롭게 지내는 법, 새로운 문화와 환경에 적응하고 갑작스러운 상황에 대처하는 능력을 배우고 향상시킬 수 있었다.

여기에 나온 자질들은 비단 미국의 외교관만이 갖추어야 하는 것은 아니다. 글로벌 사회의 리더가 되고자 하는 사람이 공통적으로 갖추어야 할 조건이라고 생각한다. 리더십의 핵심 요건으로 꼽는 이러한 기준에 부합하는 경험과 실력을 쌓을 때 리더의 자격이 주어질 수 있을 것이다.

# 할아버지의 고향,
# 북한에 가고 싶다

우리 친할아버지의 가족은 모두 평양 출신이다. 그러니 나의 진짜 고향은 북한이라고 할 수도 있다. 할아버지는 가끔 우리를 앉혀 놓고 북한에 있는 당신의 형제들에 대한 이야기를 들려주시곤 했다. 그러나 그분들과 직접 연락하거나 그들로부터 소식을 들어 본 적은 한 번도 없다. 나이가 많으시기 때문에 아직 살아 계신지도 확실치 않고, 자녀들이 살아 있다면 어디에 살고 있는지, 어떻게 살고 있는지 아무도 모른다. 올해 85세가 되신 할아버지는 형제들을 가슴에 묻은 채 아직도 고향을 그리워하신다. 그래서일까? 나는 북한에 대한 이야기를 들을 때마다 고향을 그리워하시는 할아버지의 얼굴이 떠오르면서 마음 한 구석이 쓸쓸해진다.

서강대학교 교환학생으로 한국에 왔을 때 DMZ를 방문한 적이 있다. 그때 처음 북한 땅을 눈앞에서 보았다. 할아버지의 가족들, 그 손자들이 저쪽 어딘가에 있을지 모른다는 생각에 분단의 현실이 처음으로 가슴에 와 닿았다. 한국 전쟁이 일어난 지 60년이 넘었으니, 할아버지가 어린 시절 헤어진 가족들을 못 본 지도 그만큼 됐을 것이다.

할아버지는 미국으로 건너와 풍요롭게 살고 계신데, 반면에 북한에 남아 있는 할아버지의 가족과 친척들은 고된 생활 속에서 하루 먹을 식량을 걱정하며 살고 있을 것을 생각하시면 마음이 얼마나 아프실까. 가끔씩 책이나 인터넷을 통해 북한의 실상을 접할 때마다 나는 깜짝 놀란다. 외부 세계와는 단절된 채 인간의 존엄성을 보장받을 수 없는 환경에서 마지못해 살아가는 사람들이 너무나 많기 때문이다.

국회에서의 인턴 경험 중 대북 지원에 관한 회의에 참관하면서, 또 KBS에서 인턴 활동을 하는 중에 연평도 포격 사건이 일어난 것을 보면서 북한 문제를 실제적으로 접한 것을 계기로 결심한 것이 있다. 어떤 곳에서 일하든지 북한을 가슴속에 품고 잊지 않기로 말이다. 현재는 중동 지역에 대한 비전을 갖고 있지만 사실 중동보다도 국제 사회 속에서 문제가 더욱 심각하고 복잡한 곳이 바로 북한이라는 생각이 들었다.

또한 북한 인권 문제로 석사논문을 쓴 누나로부터 탈북자 문제가 얼마나 심각한지 들었다. 손을 어디서부터 대야 할지 모를 정도로 광범위하고 그들의 아픈 현실은 누구도 위로해 주기 힘들다는 것을 알게 됐다. 탈북자들이 겪는 가장 큰 두려움은 다시 북한에 송환되는 것이라고 한다.

두만강은 말이 강이지, 그다지 깊지 않다. 그래서 겨울이 되면 강물이 얼고, 사람들은 언 강을 건너거나 때론 얕은 강물을 걸어서 건넌다고 한다. 그러나 먹은 것이 없으니 허리까지밖에 차지 않는 두만강 물살도 힘들어 이기지 못해 넘어지고, 다시 일어나지 못해 빠져 죽는 사람들도 있다는 이야기도 들었다.

먹을 것이 없어서, 오로지 굶어 죽지 않기 위해 목숨을 걸고 북한 탈출을 감행하는 것인데, 두만강을 성공적으로 건넌 사람들은 중국에서 숨어서 지내야 한다. 중국 경찰들에게 잡히면 바로 북한으로 되돌려 보내지기 때문이다.

이렇게 북한으로 되돌려 보내지면 조사를 받게 되는데 극심한 고문과 함께 죽지 않을 정도의 고통을 가하면서 중국에서 무엇을 했는지 심문을 한다. 만약 한국행을 시도했다는 증거가 잡히면 더 극심한 고문을 당한다고 한다. 중국에서 잡힌 탈북자들의 강제 북송을 반대하는 시위가 전 세계 곳곳에서 일어나고 있는 것도 바로 이 때문이다. 북한에는 쌀과 전기만 없는 것이 아니라, 인간에게 가장 중요하고 필수불가결한 자유가 없다.

나의 뿌리 한국은 근본적으로 한 나라, 한 형제였는데 어쩌다가 이렇게 나뉘어졌을까? 국회에서 일하면서 북한에 대한 지식이 부족하다고 느껴 남북관계의 역사와 경제, 정치, 근황에 대해 나름대로 자료를 조사한 적이 있다.

남한과 북한이 분단되었을 당시만 해도 북한이 남한보다 더 잘살았다고 한다. 그러나 1990년대 초 소련과 동구권의 몰락으로 북한의 경제 사정은 점점 나빠지기 시작했고, 1970~1980년대 산업화에 성공한 남한과는 경제력의 차이가 점점 벌어지기 시작했다.

1990년대에 접어들어 북한에 큰 가뭄이 시작되면서 단순히 굶주리는 것뿐만 아니라 말 그대로 굶어 죽는 사람들이 속출했다. 1994년에 김일성이 사망한 이후 경제 사정이 극히 어려워지자 북한은 이 시기를 '고난의 행군'이라 말하며 이 고비를 잘 넘기자고 사람들을 선동했지만, 장사도 할 수 없는 상황에서 배급까지 끊긴 사람들은 말 그대로 굶어 죽을 수밖에 없었다.

이렇게 어려운 상황에서 중국이나 남한의 상황을 듣게 된 북한 사람들은 탈북을 결심했고, 탈북에 성공한 사람들은 짧게는 몇 달, 길게는 몇 년 동안 중국에서 숨어 지냈다고 했다. 그러면서 탈북 브로커나 선한 사람들의 도움의 손길에 힘입어 내몽골, 또는 라오스, 태국을 거쳐 장장 몇 천 킬로미터를 이동해 몽골이나 태국에 있는 한국 대사관을 거쳐 남한으로 들어오게 된다고 한다.

그런데 한국에 들어온 이들 탈북자들의 문제 또한 심각하다고 한다. 북한을 탈출하여 남한으로 들어온 이들은 '새터민'이라고 불린다. 자유가 보장된 남한 사회에서 북한보다 좋은 삶을 살 수 있을까? 대답은 '그렇다'이다. 하지만 자본주의 사회인 남한에서는 본인의 노력 없이 저절로 좋은 삶을 살아갈 수 없기에, 어떤 새터민은 남한에서의 삶이 고단해 탈북한 것을 후회하기도 한다고 들었다.

만약 남한으로 온 새터민들이 적응하지 못하고 사회에서 문제만 일으키는 존재로 남게 된다면 이들을 본 남한 사람 중 그 누가 통일을 바라고 원하겠는가? 이들이 잘 정착하는 것이 통일의 모습을 아름답게 꿈꿀 수 있게 하는 밑거름이 된다. 남한에 와 있는 새터민들에게 관심을 가져야 하는 이유가 바로 이것이다.


미국에서 국제 관계를 공부하면서 북미 관계에 대한 에세이를 쓰면서 알게 된 것도 있다. 미국 정부는 북한과 직접적인 외교를 맺고 있지는 않지만 북한과 외교를 맺은 국가의 정부들과 포럼을 통해 북한의 인권 문제에 대해 지속적으로 문제를 제기하고 있다. 그리고 북한 인권과 관련한 국제 변호 단체와, 북한 인권에 대해 모니터링을 하고 실태를 보고하는 한국의 NGO단체들의 활동을 넓힐 수 있도록 민주주의를 위한 국가원조기금을 지속적으로 지원하고 있다.

2005년부터 매년 채택하고 있는 UN총회의 북한 인권 결의안에 대해서 미국도 지지하고 있다. 이 결의안은 북한의 심각한 인권 침해에 대한 비판을 담고 있고 탈북자를 강제로 송환시키는 일을 막을 수 있도록 강하게 주장하고 있는데 실제로 이 결의안이 북한에서는 실현되기 어려운 것 같아 안타깝다.

나는 남한과 북한이 하루빨리 통일이 됐으면 좋겠다. 모든 사람은 존중받을 만한 가치가 있다. 인간은 모두 고귀한 존재이기 때문이다. 북한에 있는 사람들도 인간으로서 정당한 대우를 받고 기본적인 권리를 누려야 한다.

남북한의 평화로운 통일을 위해 미국 정부의 역할이 매우 클 것이다. 나는 언젠가 나도 그 역할에 가담할 날을 기대하며 준비하는 마음으로 계속해서 미국의 대북 관계에 관심을 기울일 것이다.

내가 한국계 미국인이고, 북한이 고향인 할아버지의 손자이며, 미국의 예비 외교관이라는 이 세 가지 조건은 북한이 내게 떼려야 뗄 수 없는 곳임을 늘 상기시킨다. 하나님이 시키시면 북한의 여러 문제와 민주적인 남북통일을 위해 일해야 할 것임을 잊지 않고 있다.

나는 미국 시민권이 있기 때문에 북한에 갈 수 있는 방법이 있지만, 하루빨리 북한에 자유가 회복되어 자유롭게 드나들 수 있는 그날이 오기를 바란다.

# 방황해도
# 포기하지 마

한국 청소년들과 내가 자란 환경은 물론 아주 다르다. 그러나 청소년 시절에 일반적으로 겪는 내적 갈등, 인간관계, 가족과의 관계, 정체성 고민, 종교적 의문 등은 어느 나라 청소년들이나 거의 비슷할 것이다.

그런 점에서 나는 청소년기에 아주 많은, 어쩌면 한 사람이 성인이 되어도 다 겪지 못할 만큼 많은 일들을 청소년기에 압축해서 겪은 것 같다. 성적을 잘 받고 싶은 스트레스, 여자 친구들과의 복잡 미묘한 관계 등 평범한 고민에서부터 아버지의 가출, 죽음 문턱까지 갈 뻔했던 경험, 가장 친한 친구의 죽음, 가정의 경제적 어려움까지.

나도 나이가 많지는 않지만 나보다 어린 친구들을 위해서, 나와 비슷한 터널을 지나는 친구들을 위해서 내가 겪은 방황을 통해 얻은 중요한 깨달음을 나눠 주고 싶다. 한 사람이라도 이 책을 통해 마음에 와 닿는 것이 있고 자신의 변화를 위해 새롭게 결심하게 된다면 더 이상의 기쁨은 없을 것이다.

먼저는 스트레스를 풀 수 있는 방법을 찾길 바란다. 십대를 지나는 친구들은 무조건 세상이 싫고 부모님의 잔소리에 극심한 스트레스를 받을 것이다. 그럴 때는 자신만의 탈출구를 찾아보라. 학교 폭력, 왕따, 자살과 같은 문제는 한국이나 미국이나 비슷하다. 그런 일들이 일어나는 이유는 그 안에 잠재된 분노와 혈기가 잘못된 방향으로 폭발하기 때문이다.

나도 마찬가지였다. 앞에서도 여러 번 말했지만, 나는 아버지가 자리를 지키시지 않은 것에 대하여 아주 큰 분노와 상처, 혼란이 있었다. 그래서 엄마에게 그 분을 쏟아내기도 했고, 혼자서 주체하지 못한 화를 벽이나 방문을 주먹으로 치면서 풀기도 했다. 나중에는 속에서 화가 끓어오를 때마다 음악을 듣고 춤을 추었다. 도피처인 셈이었다.

내게 또 하나의 탈출구는 운동이었다. 펜싱과 육상 클럽에서 시간 가는 줄 모르고 땀 흘리며 운동을 하면 힘든 것을 잊을 수 있었다. 이런 식으로 나만의 탈출구를 마련해 내가 모든 걸 잊고 즐길 수 있는 건강한 방법을 찾는 것은 청소년기 시절에 꼭 필요하다고 생각한다.

두 번째로는 자신의 몸을 망가뜨리는 행동은 피해야 한다. 나는 방황은 했지만 인생을 포기하거나 삶을 망가뜨리는 어리석은 선택은 하지 않았다. 술이나 담배처럼 몸을 해하는 것은 절대로 멀리했다. 생명은 소중한 선물이다. 무엇보다도 건강에 자신이 있었던 나는, 생명을 잃을 뻔한 경험을 통해 생명의 귀중함과 더불어 절체절명의 상황 속에서 아무것도 할 수 없는 무력한 나의 존재를 깨달았다. 학교 대표 펜싱 선수로서 매일 몇 시간씩 연습을 해도 지치지 않던 내가 그렇게 아프게 될 줄은 꿈에도 몰랐기 때문이다. 갑작스런 사고나 자연재해로 목숨을 잃는 사람들은 그날 아침 집을 나설 때 자기에게 닥칠 일을 상상이나 했을까? 아무리 똑똑하고, 돈이 많고, 성공한 사람이라 할지라도 우리의 생명은 결코 장담할 수 있는 것이 아니다.

나는 아무 대가 없이 헌혈을 해준 이름 모를 사람들 덕분에 건강을 회복하고 살아날 수 있었다. 누군가의 도움과 희생이 없었다면 내가 지금 이 자리에 있을 수 없음을 잘 알고 있다. 그래서 나도 내가 받은 도움을 다른 사람들에게 되돌려 주는 삶을 살기 위해 노력하고 있다. 헌혈할 기회가 있을 때마다 참여하고 시간을 내어 봉사활동을 하는 것도 바로 그 때문이다. 내가 삶 속에서 받은 걸 그대로 나누는 것, 그것이 피가 마르는 나날을 보내고 있을 누군가를 위해 내가 할 수 있는 최선이자 최고의 선택일 것이므로.

세 번째로 학생의 본분을 잊지 않아야 한다. 학교나 선생님, 부모님이 싫고, 공부가 재미없고, 가정 형편이 부끄럽고 어렵다면 더더욱 반항하고 싶을 것이다. 그러나 누구나 그 나이 때 그 나이다운 행동이 가장 아름답다. 나는 학생의 신분을 잊지 않았다. 물론 학생이라는 사실이 굴레처럼 느껴지고, 공부를 하고 시험을 봐야 하는 스트레스에서 벗어나고 싶을 때도 있었다. 그러나 나를 보호해 주는 것도 학생이라는 신분임을 기억했다.

때로는 어른스러워 보이고 싶고, 어른인 것처럼 행동하고 싶을 것이다. 충분히 그럴 수 있다는 것은 이해한다. 그런데 지금 와서 돌이켜보니 내가 학생으로서 최소한의 것들은 지키고 살았기에, 아무리 많은 여자 친구들을 사귀고 춤을 추었어도, 지금의 나에게 당당할 수 있다.


네 번째로 자신의 삶에서 일어나는 이해할 수 없는 일들을 친구들과 함께 공유하길 바란다. 나는 세상이나 하나님에 대한 분노나 이해가 되지 않는 일이 일어날 때마다 '하나님, 왜 이런 일이 일어나요? 나한테 왜 이러시나요? 이 힘든 일이 언제 끝나는 것인가요?' 하고 따졌다. 그렇게 해도 돌아오는 답은 없었다. 하나님은 침묵하실 때가 더 많았다. '하나님, 대체 날 지켜보고 계신 거 맞나요? 거기 계신 거 맞아요?' 하고 물을 때가 한두 번이 아니었다.

그런 고통스러운 침묵의 시간이 길었지만, 하나님은 대답 대신 소중한 사람들을 보내 주셨다. 바로 친구들, 교회 형과 누나들이었다. 이들을 통해 나는 마음을 나누고 위로 받는 법을 배웠다. 그리고 이렇게 받은 위로를 나눌 줄 아는 사람이 되었다.

나 혼자 끙끙거리고 아파하는 것보다 나보다 한두 발자국 앞선 사람들에게 조금씩 물으며 가는 것도 괜찮다. 나처럼 아픈 적도 있고 힘들어했던 사람들의 조언을 들으면 나도 할 수 있다는 힘이 생긴다.

마지막으로 방향성이 중요하다. 나의 경우에는 하나님이 내 삶의 방향이 되어 주셨다. 무슨 일을 하든지 하나님의 영광을 위해 해야 한다는 것이 나의 인생 목표다. 그렇지 않으면 그냥 돈 많이 벌고 좋은 직업을 갖는 것이 인생의 방향이 되고 말 것이다. 하나님을 위해서 산다는 것은 나보다는 남을 위해서 사는 것이다. 내가 중동을 위해 일하고 싶은 이유, 누나가 북한 인권을 위해 일하고 싶은 이유, 동생 은희가 아프리카나 남미 사람들을 위한 꿈을 갖게 된 이유도 모두 하나님이 우리의 방향이 되어 주셨기 때문이다. 이타적인 삶을 살 때 내게도 모든 유익이 돌아오고 후손들에게 축복이 내려가는 것을 나는 어머니를 통해 실제로 경험했다.

# 글로벌 리더가 될
# 한국의 청소년들에게

어렸을 적 내 방에서 눈에 제일 잘 띄는 곳에는 늘 세계지도가 붙어 있었다. 세계를 품는 큰 사람이 되라는 뜻에서 엄마가 초등학교 때부터 붙여 주신 것이었다. 내 방에는 세계지도 말고도 내가 살던 애틀랜타의 지도와 미국 지도, 한국 지도가 각 벽면에 하나씩 붙어 있었다.

나는 하루에도 수십 번씩 세계지도를 보며 상상하곤 했다. 전 세계를 곳곳을 누비는 내 모습을. 현미경처럼 좁은 시야로 내가 사는 동네, 내가 사는 나라만 생각하는 건 왠지 재미없고 답답하게 느껴졌다.

그래서일까. 지구본은 어릴 적 누나와 내가 제일 좋아하던 장난감이었다. 한 사람이 힘껏 지구본을 돌린 뒤 손가락으로 한 나라를 짚으면 다른 사람이 그 나라의 수도를 맞히곤 했다.

"자, 간다! 멕시코의 수도는?"

"멕시코시티!"

"오, 좋아! 그럼 이번엔…… 호주!"

"호주의 수도는 캔버라!"

"오, 제법인데? 그럼 이번엔 내가 돌릴게. 자~ 루마니아!"

"루마니아? 흠…… 부다페스트?"

"아니야, 틀렸어. 루마니아의 수도는 부카레스트야!"

"아, 맞다. 부다페스트는 헝가리였지."

우리 둘이 게임을 하고 있으면 동생 은희도 함께했다. 우리 셋은 지구본 하나로도 몇 시간씩 재미있게 놀곤 했다. '지도에서 나라 이름 빨리 찾기'도 우리가 좋아하던 게임이었다. 지도 보는 것을 워낙 좋아했던 나는 언제나 제일 먼저 나라를 찾아내곤 했다. 평소에 지도를 꼼꼼히 살피고 연구하기를 좋아했던 나에게 누나와 은희는 지도 찾기 선수라는 별명을 붙여 줬다.

나는 지도를 보며 다소 엉뚱한 생각을 하곤 했다.

'왜 지도에는 사람이 안 그려져 있을까? 여기 살고 있는 사람들이 그려져 있다면 좋을 텐데……. 이 나라에는 과연 어떤 사람들이 살고 있을까? 어떤 음식을 먹고, 어떤 말을 하며 살아갈까?'

역사 시간에 배운 팔레스타인 지역의 사람들은 얼마나 힘들게 살고 있을지, 아프리카 사람들이 식량 부족으로 얼마나 고생하고 있을지, 할아버지의 친척이 있는 북한 사람들은 과연 어떻게 살고 있을지를 생각하고 있노라면 지도 속으로 들어가고 싶어졌다. 왠지 그러면 당장이라도 그 사람들을 만날 수 있을 것만 같았다.

나는 이 세상에서 제일 중요한 게 사람이라고 생각한다. 이 세상의 많은 일들이 사람에 의해, 사람을 위해 이루어지고 있기 때문이다. 그래서 외교관이든 정치인이든 사람에 대한 관심이 없다면, 아무리 뛰어난 능력을 가졌어도 그가 가진 능력이 무용지물이 될 것이다.

그래서 글로벌 리더를 꿈꾸는 친구들에게 내가 당부하고 싶은 몇 가지가 있다.

첫 번째는 사람을 사랑해야 한다는 것이다. 사람을 사랑하는 방법은 여러 가지가 있다. 봉사활동을 통해 힘든 사람을 도울 수 있고, 내가 가진 돈으로 빈곤 국가의 어린이를 후원할 수도 있다. 그러나 나는 내 주변에 힘들어하고 있는 누군가가 없는지 먼저 살펴보라고 말하고 싶다. 그것은 내 가족일 수도 있고, 친구일 수도 있다. 가족이나 친구를 사랑하는 것이 당연하게 여겨질 수도 있겠지만, 주변을 둘러보면 내가 결코 사랑할 수 없는 가족, 결코 도와주기 싫은 친구가 있을지도 모른다. 때로는 그 한 사람을 사랑하는 것이 온 인류를 사랑하는 것보다 힘들 때도 있다. 그러나 내 주변에 그런 사람이 있는 것 또한 결코 우연이 아닐 것이다.

훌륭한 외교관이 되거나 훌륭한 인물이 되면 저절로 온 인류를 사랑할 수 있는 마음이 생길까? 나는 그렇지 않다고 생각한다. 내 주위의 가장 가까운 그 사람을 온전히 품지 못한다면 어떻게 온 인류를 품는 진정한 글로벌 리더가 될 수 있을까?

내가 제일 사랑하지 못할 것 같았던 사람은 아버지였다. 내게 아빠가 간절히 필요할 때 아빠는 내 곁에 계시지 않았다. 그런 아빠를 단지 가족이라는 이유만으로 사랑하기가 힘들 때도 있었다. 점점 나이가 드시니 건강도 안 좋아지시고 경제적으로도 어려워지셔서 만나면 내가 오히려 음식을 사드리고 챙겨 드려야 할 때도 많았기 때문이다. 만나면 말이 통하지 않을 때도 많았다.

아버지는 나와 너무 다르다고 생각했다. 그러나 그런 아버지를 이해하려고 노력하면서 내가 나중에 외교관이 되어 외국 사람들을 만났을 때를 상상해 보았다. 나와 다른 생각과 가치관을 가진 사람들을 수없이 만나 그들을 설득하고 함께 가야 할 때가 많을 텐데, 나랑 한 핏줄인 아버지마저도 품지 못하면 온 세계의 사람들을 어떻게 품을 수 있을까 생각하니 아버지가 고맙게 느껴졌다. 아버지에 대한 내 마음가짐도 달라졌다.

구호단체를 통해 아프리카의 어린이를 후원하고 고아원, 양로원에 가서 봉사하는 것도 매우 의미 있고 값진 일이다. 그러나 동시에 내 주변에 나의 사랑과 관심이 절실히 필요한 사람, 내가 먼저 손 내밀어 주기를 바라는 사람은 정말 없는지 살펴보고 내 옆의 가장 가까운 그 한 사람을 돕는 사람이 먼저 되길 바란다.

두 번째는 진정한 리더십을 갖추라는 것이다. 진정한 리더십은 섬김의 리더십이다. 이 시대가 원하는 진정한 리더란 강력한 카리스마로 사람들을 끌어당기는 사람이 아니라 다른 사람을 위해 기꺼이 희생하고 자기가 쓸 수 있는 힘을 절제할 줄 아는 사람이라고 생각한다. 힘이란 역설적이게도 내가 할 수 있는 것을 하지 않을 때 생기기 때문이다.

정치와 외교 분야는 힘의 논리가 지배하는 곳이기에 사람들은 더 많은 권력과 힘을 얻고자 노력한다. 그러나 권력과 명예 같은 것은 사람을 향한 애정과 진정성으로 한걸음씩 나아가는 삶의 여정에서 저절로 따라오는 결과물이지, 그것들이 궁극적인 목표가 되어서는 안 된다고 생각한다. 정신을 차리지 않고 살다 보면 자칫 환경에 휩쓸려 그 순서를 망각하기 쉬울 것이다. 그러나 나는 내가 앞으로 어디에서 일하게 되든지 힘의 논리에 편승하는 사람이 되고 싶지 않다. 내가 누릴 수 있는 기득권들을 기꺼이 내려놓고 다른 사람들의 필요를 살피는 사람이 되고 싶다. 작은 누룩이 빵을 부풀게 하듯, 내게 주어지는 작은 영향력으로 내가 가는 곳을 변화시키고 어디를 가든 사람을 살리는 사람이 되고 싶다.

집 앞 길가의 작은 쓰레기를 줍는 것도 넓은 의미에서는 내가 누릴 수 있는 편안함을 포기한다는 의미에서 기득권을 내려놓는 것이 될 수 있다. 내가 줍지 않으면 어차피 누군가 주워야 하기 때문이다. 쓰레기를 줍는 사람이 태어날 때부터 정해져 있는 것은 아니지 않은 가? 실천할 수 있는 것은 항상 가까이에 있다.

세 번째, 현재에 최선을 다하라는 것이다. 현재에 만족하지 못하는 이유는 여러 가지가 있을 수 있다. 그러나 현재에 만족하지 못하는 사람은 미래에도 만족할 확률이 적다. 우리가 생각하는 미래 역시 언젠가는 현재가 되기 때문이다.

가장 평범한 삶을 잘 사는 사람이 가장 비범한 사람이라는 말이 있다. 이 말의 뜻은 평범해지라는 뜻이 아니라, 삶의 사소하고 작은 부분에도 감사하며 현재의 삶에 충실한 사람이어야만 비범해질 수 있다는 뜻이 아닐까 싶다.

나는 내 삶에 대해 감사하는 마음을 잃지 않기 위해 감사 일기를 종종 쓰곤 했다. 내 삶에서 감사한 것들을 노트에 적어 보는 것이다. 외할머니는 우리 엄마에게 하루에 백 개 이상씩을 하나님께 감사하라고 가르치셨다고 한다. 나도 어머니로부터 감사하는 삶을 배웠다. 감사 거리는 의외로 우리 삶의 곳곳에 숨어 있어서 눈을 크게 뜨고 찾아보면 생각보다 많은 감사 거리를 찾을 수 있다. 미국의 유명한 토크쇼 진행자 오프라 윈프리도 감사 일기를 적는 습관을 들이고 나서 삶이 완전히 바뀌었다고 고백하는 것을 들었다.

진정성 있는 하루하루가 쌓여 내가 꿈꾸는 미래가 된다. 미래로 나아가는 원동력이 현재에 대한 불만족일 필요는 없다. 현재에 대한 감사와 만족이 나를 이끌어 가는 원동력이 되게 하라.

  네 번째, 다양한 독서를 통해 사고 능력을 키우기 바란다. 영어 표현에 "You are what you eat"이라는 표현이 있다. 우리 몸은 우리가 먹는 것, 즉 우리 몸은 우리가 먹는 대로 된다는 표현이다. 나는 이 표현을 조금 응용해 "You are what you read"라고 말하고 싶다. 우리의 생각과 가치관은 우리가 무엇을 읽느냐에 따라 많은 영향을 받기 때문이다.

  우리는 우리가 보고 들은 것을 말하게 되어 있다. 외교관은 다양한 경우에서 가장 효율적인 해결책을 도출해 내야 하는 때가 많기 때문에 종합적인 사고 능력이 필요하다. 그러기 위해서는 다양한 분야에 대한 폭넓은 지식이 필수적이다. 평상시에 많은 독서를 통해 지식을 쌓고 정리해 두면 큰 도움이 된다.

  나는 되도록 일주일에 책을 한 권씩 읽고 독서 일기를 쓰려고 노력했다. 책 읽는 시간을 의지적으로 확보하지 않으면 공부와 운동에 밀려 한 달에 한 권도 읽지 못하고 지나가기 쉽다. 그래서 내 가방에는 늘 책이 한 권씩 들어 있다. 언제 어디서든 자투리 시간을 활용해 책을 읽기 위해서다.

  정보의 양이 극히 제한적이었던 과거에는 외교관이 자신의 판단력에 의지하여 중요한 결정을 내려야 했다. 그러나 오늘날에는 정보의 양이 너무나 많아져서 필요한 정보를 잘 분별하여 선택할 수 있어야 한다. 그래서 외교관에게 냉철한 판단력과 예리한 관찰력은 아주 중요한 덕목이다. 이러한 능력은 독서를 통해서 기를 수 있다.

다섯 번째, 공부뿐만이 아니라 다양한 활동, 그중에서도 운동을 적극 권한다. 운동을 하면 몸이 건강해질 뿐만 아니라 집중력도 좋아져서 무언가 내가 좋아하는 것에 몰입하기가 더 쉬워진다.

헬스나 달리기처럼 혼자 하는 운동도 좋지만 나는 다른 사람들과 함께 모여 즐기는 스포츠를 한두 가지쯤은 익혀 놓기를 권하고 싶다. 스포츠는 마치 인생을 짧게 압축한 것과 같기 때문에 운동을 하면서 서로 도와야 할 때도 있고, 갈등이 생기면 그것을 해결해야 할 때도 많다. 운동을 통해 인생을 배우는 것이다. 그리고 운동을 통해 얻는 유대감과 소속감은 생각보다 아주 크다.

여섯 번째, 외국어 능력을 키워야 한다. 글로벌 시대에 다른 나라 사람들과 만나 그들을 잘 이해하고 그들의 마음을 얻기 위해서는 외국어가 필수적이다. 그러나 외국어를 잘하기 위해서 반드시 유학을 가거나 어학연수를 갈 필요는 없다. 어학연수를 가지 않고도 외국어로 훌륭하게 의사소통하는 사람들을 많이 보아 왔다. 거의 원어민 수준으로 구사하는 사람들도 있다. 요즘은 인터넷과 스마트폰 애플리케이션 등이 잘 발달되어 수많은 학습 자료들을 마음만 먹으면 쉽게 구할 수 있기 때문이다.

　여건이 된다면 유학이나 어학연수를 어린 나이에 가는 것도 좋지만, 나는 한창 민감한 청소년기에 가족들과 떨어져 지내는 것은 좋지 않다고 생각한다. 정서가 안정되지 않으면 결코 공부를 잘할 수 없기 때문이다. 나도 힘들었던 청소년 시기에 버팀목이 된 가족이 없었다면 그 시간을 어떻게 버텼을지 아찔하다. 서강대로 교환학생을 왔을 때도 힘들었지만 그래도 사춘기 시절 가족들과 쌓아 온 신뢰와 추억들을 바탕으로 그 시간들을 견뎌 낼 수 있었다. 훌륭한 사람이 되어야 한다는 대의명분 아래 어린 시절에 힘겹게 외국 생활을 하는 것보다는, 고등학교 시절까지는 가족들과 함께 살고 사회적, 정서적으로 독립할 수 있는 대학 이후에 어학연수나 유학을 가는 것이 가장 좋다고 생각한다.

　지금까지 내가 한 이야기들은 어찌 보면 그다지 특별하지 않은 것들이다. 그러나 이것을 특별하게 만드는 것은 바로 각자의 실천이다. 아는 것을 실천하는 사람들은 의외로 많지 않기 때문이다. 이 책을 읽고 있는 사람들 중에서 반드시 대한민국을 대표할 차세대 글로벌 리더가 나올 것이라고 믿어 의심치 않는다.

# 50대 미국 대통령을
# 위한 기도

제44대 미국 오바마 대통령의 취임식이 있던 2009년 1월 20일 워싱턴DC. 새벽 2시에 호텔에서 나와 약 5킬로미터나 되는 거리를 걸어갔다. 그러고는 백악관 밖 잔디밭에 앉아서 6시간이나 추위에 떨면서 취임식이 시작하기를 기다렸다. 주변에는 나처럼 취임식에 초대받아 온 수많은 사람들이 웅성거리면서 기다리고 있었다.

비록 초청을 받아 이곳에 오긴 했지만 과연 이렇게 힘들게 올 만한 가치가 있었던가 싶은 생각이 들었다. 편하게 호텔 텔레비전으로 봐도 되는 것을 굳이 이렇게까지 해야 하는지…….

'내가 왜 이러고 있지? 왜 여기서 모르는 사람들이랑 여섯 시간이

나 죽치고 앉아 있는 거지? 양말을 두 켤레나 겹쳐 신고 스웨터를 세 개나 껴입고 내복바지 위에 청바지를 입고 이럴 필요까지 있을까?'

그때 오바마 대통령이 무대 앞으로 걸어 나와 연설을 하는 장면이 초대형 스크린에 비쳤다. 그 순간 마음속 깊은 곳에서부터 무언가가 솟아오르며 더 이상 추위가 느껴지지 않았다. 주변에는 모르는 사람들뿐이었지만 그곳에 모인 사람들이 모두가 하나인 것 같았다. 사람이 무척 많았지만 신기하게 한마음으로 오바마 대통령의 취임을 축하하고 있었다. 나는 내 자신에게 되뇌었다.

"그래, 내가 이 장면을 보려고 5킬로미터를 걸어 왔던 거야. 6시간을 기다린 것도 헛되지 않았어. 옷을 몇 겹씩 껴입고도 엉덩이가 얼어 버릴 지경이지만 오바마 대통령을 위해, 우리의 희망을 위해 이곳에 온 것이구나."


나는 당시 IIPP 펠로우십 프로그램 예비 외교관 대표로 뽑혀 백악관에 초대받아 갔다. 백악관에서는 많은 청소년과 대학생들을 오바마 대통령 취임식에 초대했고 미래의 리더들을 위해 콜린 파월 등 여러 정치인의 연설을 들을 수 있는 특별한 자리도 마련했다. 나도 그중에 한 명으로 대통령 취임식 현장을 목격할 수 있었던 것이다.

사실 백악관에 초대받은 것은 이번이 두 번째다. 누나가 백악관 인턴으로 일할 때 우리 가족은 백악관 측의 정식 초청을 받아 외삼촌 가족과 함께 백악관을 방문했다. 12학년 때의 일이었다. 그날 처음으로 와 본 워싱턴DC에서 내 마음은 매우 설레었다. 백악관 투어를 하면서 초대 대통령부터 지금까지의 대통령들을 사진으로 만나보았고, 세계 리더들이 모이는 연회장 등 다양한 공간을 엿볼 수 있었다. 강연장 앞에 서서 내가 훗날 사람들 앞에서 연설하는 모습을 꿈꾸기도 하고 이곳에서 일하는 즐거운 상상도 했다.

안내에 따라 백악관을 둘러본 다음, 밖에 나와 백악관이 바라다보이는 공원 잔디밭에 앉아 점심을 먹으며 엄마가 말씀하셨다.

"언젠가 우리가 저 안에 들어가서 식사할 날이 오기를 기도한다."


어머니는 어렸을 적부터 나에게 늘 최선을 다하면 뭐든지 할 수 있다는 자신감을 심어 주셨다. 나를 향한 어머니의 신뢰와 지지는 아버지의 부재로 힘들어하던 나에게 어머니가 해줄 수 있는 최선이자, 당신이 보여 줄 수 있는 가장 큰 사랑의 표현이었다.

2008년 11월 4일 버락 오바마가 미국의 첫 흑인 대통령으로 당선되던 날, 엄마는 내게 짧지만 센스 있는 문자 메시지를 보내셨다.

"24년 후 50대 대통령은 네가 될 거야."

엄마는 24년 후에는 미국에서 한국계 대통령이 나올 수도 있을 거라고 하시며 그 비전을 위해 기도하신다고 했다. 흑인 대통령도 나왔으니 동양계 대통령이 나오지 말라는 법도 없지 않은가. 그러나 솔직히 말하건대 나는 미국 대통령에 대해서는 생각해 본 적이 없다. 외교관이 되고 싶다고만 생각했을 뿐, 대통령은 꿈도 꾸지 않았다.

그런데 44대 대통령 선거에서 몇 십 년 전까지만 해도 아무도 예상하지 못했던 흑인 대통령이 최초로 당선된 것이다. 미국 내 다른 유색인종들에게도 굉장한 희망을 안겨 주는 사건이 아닐 수 없었다. 그리고 엄마의 문자는 내게도 이상한 설렘으로 다가왔다.

현재 터키에서의 예비 외교관 인턴십이 끝나고 이 프로그램의 마지막 단계인 대학원을 졸업하면, 나는 5년간 미국 국무부에서 의무적으로 근무하게 되어 있다. 지금까지 준비했던 것들을 본격적으로 실무에서 발휘할 때인 것이다. 나는 그 시간을 무척 기다리고 있다. 그동안 나라에서 나에게 투자한 것이 아깝지 않도록 지혜롭고 현명한 판단과 선택을 하면서 일할 것을 기대하고 있다.

그 이후에는 내 계획대로 된다면 꿈에 그리던 중동의 외교관이 되어 있을 것이다. 사실 중동 지역이나 한국에서 경험한 바로는 미국에 대한 부정적인 정서가 꽤 많다는 것을 알 수 있었다. 그런데 나는 한국계 미국인으로서 미국인의 정체성도 분명 갖고 있다. 미국에서 나고 자라면서 학교교육을 받았고 많은 기회를 얻었음은 부인할 수 없는 사실이다. 미국이 추구하는 민주주의적 가치, 인권 향상을 위한 핵심 사업, 세계 평화에 대한 지속적인 개입 등에 헌신할 것이다.

24년 후 50대 미국 대통령의 꿈은 내가 세울 수 있는 꿈이 아니다. 최선을 다하고 기도할 때 내 인생의 계획을 하나님이 이루실 것이다. 나는 이미 장학생으로서 많은 권리를 누리고 있고 이 사실이 감사한 한편 내 마음이 교만해지고 높아질까 봐 두렵다. 항상 나 자신을 돌아보며 내가 혼자 힘으로 여기까지 온 것이 아님을 상기할 것이다.

나는 오바마 대통령의 행정에 대해 지지한다. 정치는 매우 복잡해서 쉽게 단언하기는 힘들다는 것을 알기에 조심스럽지만 그의 판단을 지지한다. 모든 사람을 만족시키기는 어렵다. 따라서 현재 상태에서 최선의 선택을 내려야 한다. 어느 누구도 완벽하지 않다. 오바마도 마찬가지다. 미국의 대통령이지만 그도 역시 평범한 한 사람에 지나지 않는다. 그는 실수한 적이 있다. 실패한 적도 있다. 아마 앞으로도 계속 실수할지 모른다. 하지만 나는 그가 미국을 이끌 능력이 충분히 있다는 것을 믿는다.

앞으로 외교관이 되든 정치가가 되든 '예수님은 어떻게 하실까' 하고 늘 묻고 기도하면서 갈 것이다. 정치는 항상 어려운 결정을 수반한다. 그래서 하나님께 기도하면서 갈 수밖에 없다. 사람의 기준이 아니라 하나님 보시기에 최선의 선택을 해야 할 것이다. 그것은 매우 힘들고 여러 번 실패할 수도 있다. 하지만 하나님 편에서 기도하며 결정한다면 실수와 실패들까지도 사용하실 거라 믿는다.

성경 속 이스라엘의 두 번째 왕 다윗도 얼마나 많은 실수와 실패를 했던가. 그는 하나님과 친밀한 사람으로 하나님이 매우 기뻐하시는 사람이었음에도 실수를 많이 했던 사람이다. 하지만 즉시 자신의 잘못을 깨닫고 돌이켰기 때문에 하나님이 기뻐하시는 사람이 될 수 있었다.

# 드디어
# 하버드로 가다

"축하합니다! 귀하는 하버드교육대학원 국제교육정책학 석사과정에 합격하였습니다."

기다리고 기다렸던 하버드 대학원 합격 메일을 한 글자 한 글자 읽고서도 나는 눈을 비비고 다시 확인했다. 하버드 대학원 합격이라니! 작년에도 하버드대 대학원에 지원했다가 안타깝게 불합격했던 기억 때문에, 이번 합격 소식은 기쁨이 두 배가 되었다. 조용한 도서관에서 마음속으로 나만이 들을 수 있는 작은 환호성을 질렀다.

'예스!'

작년 한 해 대학원을 지원하고 준비하는 과정 동안 나는 겸손과 인내를 배웠다. 나는 2012년에 하버드대 대학원, 콜롬비아대 대학원,

조지타운대 대학원, 터프츠대 대학원 이렇게 총 네 군데에 지원했다. 그런데 터프츠대를 제외하고는 모두 불합격한 것이다. 가장 가고 싶었던 하버드대 대학원을 포함해 네 곳 중 세 곳이나 떨어졌다는 실망감은 생각보다 너무 컸다. 합격한 터프츠대 대학원 등록을 우선 연기하고, 나는 다시 준비하여 하버드대 대학원에 지원하기로 했다.

1년 동안 대학원 지원을 다시 준비하면서 내 안에 뿌리 깊게 자리 잡고 있었던 교만함을 마주했다. 만약 하버드에 한 번 만에 합격했다면 내 교만함은 더 커져 갔을 것이다. 그러니 그 1년은 내 인생에 있어서 낭비된 시간이 아니라, 반드시 필요한 시간이었다. 빨리 가는 것이 반드시 능사가 아니다. 지름길이 아닌 돌아가는 길로 가면 더 많은 것을 배우게 된다. 나에게 있어 그 1년은 커리어보다 더 중요한 인격과 성품을 다듬고 내공을 다지는 시간이었다.

그러고 나서 2013년, 드디어 하버드대 대학원에 입학한 것이다. 그러니 얼마나 기뻤겠는가! 하버드만 합격한 것이 아니라, 함께 지원했던 존스홉킨스대 대학원에도 합격하였다. 또 조지타운대 대학원은 합격 대기자 명단에 올라 있었다. 하나님께서는 나를 교만해지지 못하도록 지켜주시되 내가 자존감까지 잃어버리지 않도록 이러한 은혜를 허락하신 것이다.

2012년 대학원 진학을 준비하면서 두 개의 장학금 프로그램에도 함께 지원하였다. 레인젤(Rangel) 장학금 프로그램과 토마스 R. 피커링(Thomas R. Pickering) 장학금 프로그램이었다. 만약 이 장학금에 합격하면, 대학원 등록금 전액과 생활비를 받게 될 것이었다. 이 프로그램은 미국 국무부에서 지원하는 것으로, 장학금뿐 아니라 대학원을 졸업하자마자 미국 외교부에서 일할 수 있는 기회를 제공한다. 레인젤 장학금은 최종 단계까지 올라온 총 40명의 지원자가 대사, 외교관, 학자들로 구성된 6명의 면접관들과 25분간 인터뷰를 하고, 1시간 동안 국제적 이슈에 대해 에세이를 써야 한다. 여기서 합격한 20명이 최종적으로 장학금을 받게 된다. 피커링 장학금도 비슷한 과정을 통해 20명의 최종 합격자를 선발한다.

레인젤 장학금과 피커링 장학금 프로그램의 최종 면접 대상자인 40명에 내가 포함되었다는 소식을 들은 후, 나는 마지막 관문까지 잘 통과하기 위해 면접과 에세이 준비에 전력을 다했다. 내 머릿속에는 오로지 장학금을 받고야 말겠다는 생각뿐이었다. 나는 인터뷰에서 어떻게 하면 말을 잘할까, 어떤 옷을 입을까, 무슨 색깔의 넥타이를 맬까만 고민했다. 내가 잘못 가고 있다는 사실을 나 자신도 깨닫지 못했던 것이다.

2012년 장학금 프로그램은 물론 대학원까지 불합격한 나는 깊은 좌절감에 빠졌다.

'떨어진 이유가 무엇일까?'

'준비가 부족했나?'

'도대체 왜?'

내가 '대학원과 장학금 프로그램에 떨어진 이유'에만 집착하고 있을 때, 하나님께서 내 마음속에 말씀 한 구절을 던져 주셨다.

"스스로 속이지 말라 하나님은 업신여김을 받지 아니하시나니 사람이 무엇으로 심든지 그대로 거두리라 자기의 육체를 위하여 심는 자는 육체로부터 썩어질 것을 거두고 성령을 위하여 심는 자는 성령으로부터 영생을 거두리라"(갈라디아서 6:7-8)

나는 하나님의 분명한 음성 앞에서 회개하지 않을 수 없었다. 그동안 이기심과 욕심에 사로잡혀 하나님을 바라보지 못했던 내 자신을 직면한 것이다.

하나님은 내가 대학원과 장학금 프로그램에 떨어진 것까지도 당신의 뜻대로 선하게 사용하셨다. 비록 장학금을 받지는 못했지만, 2012년 여름에 한국을 방문했을 때 수천 명의 사람들 앞에서 간증할 수 있는 기회가 주어졌다. 하나님께서 나의 입술을 사용하셔서 많은 사람들에게 은혜를 부어 주신 것이다. 만일 내가 장학금 프로그램에 합격했다면 나는 워싱턴에서 오리엔테이션이나 연수, 인턴쉽 등을 하면서 그해 여름을 다 보냈을 것이다. 그랬다면 간증을 통해 하나님의 사랑을 많은 사람들에게 나누지 못했을 테다. 이 시간들을 통해 나는, 실패한 것처럼 느껴지는 순간에도 하나님을 신뢰하고 하나님의 사랑을 확신하는 법을 배우게 되었다.

2013년에 나는 다시 한 번 대학원과 장학금 프로그램에 지원했다. 나는 지난해에 부족했던 부분들을 보충하여 더욱 철저하게 준비했다. 내가 가장 가고 싶었던 하버드대 대학원 합격 소식이 먼저 발표

되었다. 남은 문제는 장학금이었다. 그때는 장학금의 최종 면접 대상자 발표를 기다리고 있던 때였는데, 그야말로 피가 바짝바짝 마르는 것같이 초조했다. 그러던 어느 날 나는 레인절 장학금에 함께 지원했던 친구들과 함께 이야기를 나누었는데, 나만 아직 연락을 받지 못했다는 사실을 알게 되었다. 나만 제외하고 모두 최종 면접 대상자 명단에 포함된 것이다. 나는 더 애가 탔다.

다음 날 나는 담당자로부터, 총 40명의 최종 면접 대상자를 뽑는데 내가 41번째였다는 연락을 받았다. 그들 중 한 명이 면접을 포기해야 그때 내가 최종 면접에 응할 수 있다는 뜻이었다. 그러나 누가 이 소중한 기회를 포기한단 말인가? 거의 불가능한 일이었다. 나는 또다시 실망감을 느꼈지만, 작년과 같이 반응하지 않기로 결단했다. 지금 내가 할 수 있는 일은 기도뿐이었다. 이 장학 프로그램은 장학금을 주는 것뿐만 아니라 대학원 졸업 후에 바로 미국 외교부에서 일할 수 있는 기회도 주었기에, 오래 전부터 외교관을 꿈꿔온 나는 꼭 합격하고 싶었다. 나는 하나님께 합격하고 싶다고 기도했다. 그러나 합격하지 못하더라도 좌절하거나 자책하지 않게 해달라고도 기도했다.

그러나 결국 이번에도 합격하지 못했다. 일말의 기대까지 버리지는 못했기에 실망감이 드는 것은 어쩔 수 없었다. 그러나 나는 하나님께서 나를 위해 더 좋은 것을 예비하고 계시다는 것을 믿었다. 두 번의 '실패'를 통해 나는 새로운 깨달음을 얻었다. 내가 할 수 있는 일은 오직 하나님의 뜻에 순종하고 겸손해지는 것, 하나님은 언제나 신실하신 분이라는 것을 신뢰하는 것뿐이다.

나는 2014년에 다시 한 번 도전할 것이다. 나는 최선을 다해 준비하되, 언제나 나에게 가장 좋은 것만 주시는 하나님께 간절히 구할 것이다. 하나님께서 허락하시면 주시리라!

# 꿈이 있는 한
# 길을 잃지 않는다

"목적과 방향을 잃은 용기와 노력은 아무 소용이 없다."

미국 전 대통령 케네디의 이 명언은 언제나 내 가슴을 울린다. 사람들과 함께 어울리는 것, 특히 다른 지역과 다른 문화에서 온 사람들과 함께 일하는 것을 좋아해서, 고등학교 때부터 나는 이다음에 단체를 이루어 일하겠다는 꿈을 꾸어 왔다. 그러나 나는 무엇을 위해서, 무슨 일을 어떠한 방식으로 할지, 어떻게 하면 효율적으로 일할 수 있을지에 대한 아무런 구체적인 계획이 없었다. 한마디로 목적과 방향이 없었던 것이다.

그런 내가 목적과 방향을 제대로 세우게 된 것은 풀브라이트 프로그램으로 터키에 있을 때였다. 나는 그때 터키의 교육 정책에 대해 많은 것을 알게 되었다. 나는 터키의 공공 교육 시스템에 대해 더 자세히 알고 싶어서 터키 전역을 돌아다니며 많은 대학교들을 탐방했다. 나는 교육 현장에 있는 사람들에게 어떤 정책이 성공적이었고 어떤 정책이 실패였는지를 물어보며 터키의 교육 시스템을 개선하기 위해 어떤 방법을 고안해야 할지 그들과 토론했다.

터키에서 터키의 교육 시스템에 대해 경험적으로 공부했다면, 이제 나는 하버드교육대학원에서 이론적으로 교육정책학을 공부하게 된다. 그동안, 터키에서 얻은 현장 경험과 실제적인 지식을 내 이론적인 연구에 적용해 보고 싶다. 세계 많은 나라의 교육 시스템을 비교하며, 교육 정책이 지역 사회의 발전에 어떻게 영향을 미치는지를 더 깊이 연구할 것이다.

다른 생각, 다른 문화, 다른 관점을 통해 늘 새로운 것을 배우고 경험했던 시간들은 내가 목표 없이 앞으로 나아가지 않고 뚜렷한 목적과 방향을 가지게 했다. 하버드교육대학원 석사과정 역시 내가 꿈의 목적과 방향을 잃지 않기 위해 거쳐 가는 징검다리가 될 것이다. 또한 이곳에서 석사과정을 잘 마치고 나면 미국 외교관이 되는 길에 한걸음 더 가까워져 있을 것이다.

꿈은 언제나 스스로 길을 만든다. 길이 끊어져 앞으로 한 발자국도 나아갈 수 없을 것 같을 때에도, 꿈이 있다면 절대 길을 잃지 않는다. 앞으로 몇 년 간은 하버드에서 내 꿈을 펼치며 미래를 준비하게 될 것이다. 흙 속에 파묻혀 있는 거친 금강석이 빛나는 다이아몬드가 되는 것처럼, 내가 삶의 한 순간 한 순간을 살아 낼수록 나의 꿈들이 더 아름답게 빛을 발하기를 기도한다.

나는 어머니가 백악관 앞 잔디밭에서 하셨던 기도를 기억한다. 한국의 촌구석에서 태어나신 어머니지만, "열방의 어미가 되게 해 달라"는 외할머니의 기도대로 어머니는 세계 최강국인 미국으로 오셔서 우리 삼남매를 글로벌 리더로 키워 가고 계신다. 우리는 세계 최고의 대학에서 교육을 받고 열방의 리더가 될 준비를 하고 있다. 어머니 또한 드넓은 세계를 내 집처럼 돌아다니시며 자녀 양육 전문가로서의 비전을 실현하고 계신다.

하나님의 계획은 아무도 모른다. 오십 년 전 바깥 세계를 구경해 본 적조차 없었던 외할머니의 기도가 이처럼 응답을 받고 있을 줄이야…….

외할머니의 기도가 어머니를 만들었듯, 우리 어머니의 기도가 지금의 나를 만들었고 앞으로의 나도 만들어 갈 것을 믿는다. 어머니의 기도에 하나님이 어떤 방법으로 응답하실지 모르지만 나는 겸손하게 무릎을 꿇고 순종하는 마음으로 받아들인다. 생각지도 못했던 일을, 꿈도 꾸지 못했던 일을 계획하고 이루시는 하나님의 인도하심이 나를 이끌어 갈 것이다. 한국계 미국인인 미국의 50대 대통령, 그 무모해 보이는 꿈 역시 하나님이 원하시면 이루어질 것임을 나는 안다.

## John's Album

▲ 나의 사랑하는 가족. 은희, 나, 어머니, 은혜 누나. 우리 삼남매는 서로 선의의 경쟁을 하며 모두 국제무대에서 각자의 꿈을 펼쳐 나가고 있다.

▶ 고등학교 때 펜싱 시합에 나갔을 때의 모습. 운동은 스트레스 해소에 만점이었다.

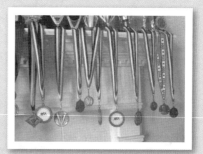

▶ 고등학교와 대학교 펜싱 시합에서 받은 메달. 코치가 올림픽에 나가라고 할 정도로 펜싱에 몰두했다.

▲ 2010년도에 국회 외교통상통일위원회에서의 인턴 활동. 예산을 세우는 일을 돕고 남북관계 관련 회의에 참여하면서 한국의 정책과 정치에 대해 배운 시간이었다.

▶ 팔레스타인 난민촌에서 담당 디렉터와 교사들과 회의하는 모습. 이 캠프는 아이들에게 인간관계와 리더십을 가르치고 미래의 평화를 꿈꾸도록 돕고자 하는 목적으로 진행되었다.

▲ 팔레스타인 난민촌에서 함께한 아이들에게 내가 할 수 있는 것은 진심 어린 사랑과 관심의 표현이었다.

▲ 팔레스타인에서 만난 사랑스러운 두 소년, 타미르와 말릭. 이곳 아이들에게는 어른들의 따뜻한 사랑이 가장 절실히 필요하다.

◀ 터키의 수도 앙카라에서 터키 국기와 터키의 초대 대통령 무스타파 케말 아타튀르크 초상화 앞에서 찍은 사진. 터키 사람들은 초대 대통령을 매우 존경한다고 한다.

▲ 프란시스 리시아돈 주 터키 미국 대사(중간)와 함께. 풀브라이트 오리엔테이션 때 기조연설을 하셨다. 오른쪽은 나의 가장 친한 친구이자 멘토 중 한 명인 압둘 라지스 사이드다.

◀ 터키의 수도 앙카라 여행. 주말이나 연휴, 명절 기간 등을 이용해 터키의 명소를 여행했다.

# 꿈은 스스로 길을 만든다

1판 1쇄 2012년 7월 15일 발행
개정판 17쇄 2024년 5월 10일 발행

지은이 · 최성찬
펴낸이 · 김정주
펴낸곳 · ㈜대성 Korea.com
본부장 · 김은경
기획편집 · 이향숙, 김현경
디자인 · 문 용
영업마케팅 · 조남웅
경영지원 · 공유정, 임유진

등록 · 제300-2003-82호
주소 · 서울시 용산구 후암로 57길 57 (동자동) ㈜대성
대표전화 · (02) 6959-3140  |  팩스 · (02) 6959-3144
홈페이지 · www.daesungbook.com  |  전자우편 · daesungbooks@korea.com

© 최성찬, 2012
ISBN 978-89-97396-23-8 (03320)
이 책의 가격은 뒤표지에 있습니다.

Korea.com은 ㈜대성에서 펴내는 종합출판브랜드입니다.
잘못 만들어진 책은 구입하신 곳에서 바꾸어 드립니다.

이 도서의 국립중앙도서관 출판시도서목록(CIP)은 e-CIP홈페이지(http://
www.nl.go.kr/ecip)와 국가자료공동목록시스템(http://www.nl.go.kr/
kolisnet)에서 이용하실 수 있습니다.(CIP제어번호: CIP2013005844)